빛과 소리

| 관음선(觀音禪) 수행이야기 |

빛과 소리

석암 지음

바움과소통

● **책을 시작하면서**

　월명리 목넘어 계곡, 나는 이곳에서 산다.

　사명산의 한 자락인 이곳에서 나는 절터를 잡고 서울에 있는 관음선원을 이전해왔다. 내가 이곳으로 도량을 이전한다고 하니 은사 스님은 나를 미쳤다고까지 말을 하였고, 어떤 중은 보살과의 스캔들 때문에 이곳으로 온 것이라고 막말을 하기도 하였다. 스님으로서 출세할 수 있는 길을 져버리고, 편안한 중 생활을 뒤로한 채 강원도 양구의 오지인 월명리로 어렵게 이사를 해온 것이다.

　이곳으로 구태여 자리를 옮긴 것은 잘생기고 위엄 있는 도량에 반해서이고, 나의 꿈이 이루어질 수 있는 예감과 확신이 들어서이다.

어느 날 양구읍에서 월명리로 들어오는 마을 표시석에서 바라본 하나의 산은 웅장하면서도 말로 표현할 수 없는 환희심이 일어나 나는 흐느꼈다.

'이렇게 좋은 곳에 부처님 도량을 세우지 못하면 얼마나 한스러울까.'

그후 하나하나 작업을 해나갔다. 그리하여 어렵사리 작은 절집을 완성해냈고, 사명산 관음선원에서 나는 맑고 밝은 마음을 밝혀내기 위해 영원한 정진의 길로 들어선다.

책의 제목 『빛과 소리』는 마음수행 중에 느꼈던 수행체험을 기록하였고, 나누고 싶은 이야기를 엮었으며, 자연과 하나 되어 살아나가며 일상에서 환희심에 젖어 느끼는 행복한 삶, 때로는 고난과 고통의 일들을 엮어내고 써 내려간 것이다.

『숫타니파타』에는 이런 말씀이 나온다.

비난과 칭찬에 흔들리지 마라.
소리에 놀라지 않는 사자처럼
그물에 걸리지 않는 바람처럼

진흙에 더럽히지 않는 연꽃처럼
무소의 뿔처럼 혼자서 가라.

  나는 미련할 정도로 수없이 넘어지고 넘어지면서 다시 일어나 길을 걸어가곤 했었다. 주위에는 같이 가자고 할 친구도 없었고, 적절한 수행의 도반도 없었으며, 의지할 스승 없이 여기까지 홀로 걸어왔던 것이다.

  알아주는 사람 없고 이해해 주는 친구 없이 외로움과 고독에 빠졌을 때에는 '무소의 뿔처럼 혼자서 가라'는 말씀을 수없이 되뇌면서, 강하고 처절한 최면을 걸어 고통에서 벗어난 한 마리 미운 오리새끼가 우아한 백조가 되어 아름답게 춤을 추며 세상을 향해 자유로운 비상을 꿈꾸며 살아왔다. 그것은 오로지 우리들의 이상세계인 서로를 존중하고, 부처와 더불어 우리 모두가 관세음보살처럼 행복하고, 지혜의 편안함을 주는 진리의 세계를 찾기 위해서였다.

  이제는 많은 사람들의 목적지인 평화를 주는 행복스러운 여행에 나 혼자가 아닌 여러 사람들이 호흡을 마치며 같이 길을 걸어가고 싶다. 홀로 가는 대승보살의 길은 때로는 채찍과 같은 좌절을 맛보기도 하고, 혼란스러운 착오도 있었다. 이런 일들을 깨달음으로 가는 과정으로 본다면 상처 받은 마음에 좋은 약이 될 것이다.

역사는 끊임없이 흘러간다. 나의 마음도 끊임없이 흘러 다닌다. 정처 없이 흘러 다니는 마음을 어디에 갖다 두어야 할 것인가. 흘러 다니는 마음을 모셔둘 장소를 알고, 넣어둘 수 있는 능력이 있는 자가 붓다이다. 즉 마음을 잘 다스릴 줄 알고, 다스린 마음으로 중생을 교화해야 하는 것이다.

'보살은 이런 일들을 배우며 살아가는 이들이다.'

한평생 보살의 삶을 살아가겠다는 어줍은 중이 지난 과거의 일들을 양식 삼아 더 나은 대보살의 생활을 위해 이곳에서 신명을 바쳐 정진하고 싶은 마음이다.

아주 오래전 맑은 표정과 밝은 마음으로 흰 모자를 눌러쓰고 전국을 돌아다니며, 마지막 공부할 곳을 찾던 그때 그 시절이 다시 오기를 기다린다.

석암 합장

제1부

소리를 찾아서

마음 12　　정진 22　　이웃 26　　새로운 맛 30　　달 32
불이(不二) 34　　행복 1 37　　개미 39　　점검 41　　진주 44
없애야 될 것 46　　무엇이 부처입니까? 49　　실마리 51
염불 54　　망(忘) 58　　자연 61　　꿈 64　　마지막 공부 67
초심 69　　자기계발 72　　월명리 80　　가풍(家風) 84
만족 87　　수행자의 눈 90　　확인 93　　회상 97　　근기(根機) 100
인과 103　　게으름 105　　사자 107　　소원성취 111
함께 산다는 것 112　　인연 115　　웃는 얼굴 118　　행복 2 121
금강경 124　　환생 126　　태양 129　　리틀 붓다 132　　비 135
소리 137　　기분전환 141　　첫인상 144　　꽃 147　　에어컨 150
희망 153　　공(空) 156　　싸움 159　　최면술 161　　소나무 163
자동차 166　　승가(僧家) 169　　고향 172　　이사 175
미래 178　　천국으로 간 창녀 181

제2부

빛을 향하여

우주여행 186   빛 190   행복 3 194   푸념 196   무상(無常) 200
비법 206   자아도취 210   관음신앙 213   어린 시절 216
상대성 219   운명 221   YES 225   아저씨 227   포교 231
마장 234   명상 239   원효야! 242   융합 245   신심 248
선(禪) 254   뱀 258   도술시합 262   행복 4 266   도인 269
100일 272   계획 275   미스터리 277   되살이 279   부모님 282
어떻게 살 것인가 286   이심전심 290   아미타신앙 293   바람 299
노력하라 304   유체이탈 307   삼천갑자 동방삭 309   산행 313
암 316   익다 319   교육 321   풋밤 324   염력 327   다람쥐 330
비만 334   한 우물을 파라 338   산돼지 보살 344   방랑자 347
하늘 350   물 밖의 세상 353   빨래 356   보살들의 반란 360
애욕과 괴로움 그리고 해탈 363   김을 매자 369   마음의 고향 372
글쓰기 376   빛과 소리 수행 381

제1부

소리를 찾아서

마음

마음. 마음이란 무엇인가?

최첨단을 달리는 현대과학으로도 이 마음을 정확히 풀어내지 못하고 있다. 과학과 천문학이 최고조로 발달한 지금 아득히 신비한 우주의 창조비밀을 조금씩 풀어나가고 있다. 우주의 탄생은 대략 137억 년 전으로 잡고 있다. 그 당시에도 마음이란 것, 마음의 부수적인 것들이 존재하고 있을까.

우리들이 살고 있는 태양계의 우주는 1000억 개의 은하중 하나에 불과하다. 도저히 헤아릴 수 없는 숫자인 1000억 개 그 은하중의 하나인 우리 은하 안의 별들도 1000억 개이다.

이 천억 개 안에 우리 지구가 들어있는 것이다.

 더욱 놀라운 것은 천억 개의 은하를 품은 우주가 하나가 아니라는 사실이다. 이것을 다중우주(multiverse)라고 말을 한다. 모든 특성이 천차만별인 우주들이 무수히 많이 존재하는 세계. 그런 우주에 극락세계가 없다고 말을 못하고, 지옥이 없다고 말을 못하며, 부처님과 깨달음의 세계가 없다고 감히 말을 할 수가 없는 것이다. 경계가 무너지는 세계가 조금씩 다가오고 있다. 그것은 우리들이 붓다이고 관세음보살이라는 사실을 알게 할 것이다.

 이런 다중우주를 품고 있는 것이 마음이라면 믿음이 갈까. 우린 생각할 수 없을 만큼 광활한 세상에 인간이 되어 서로 웃고, 울며, 화내고, 싸우며, 슬퍼하고, 사랑하며, 행복을 느끼며 살고 있는 것이다.

 마음은 모든 것의 근원이고, 보이는 것과 보이지 않는 것이 녹아있는 신기하고 묘한 망망대해와 같다. 마음은 미개척 분야이다. 과거, 현재, 미래에도 마음은 밝혀내기 힘든 존재이다. 이런 마음을 완전히 깨달아 손바닥 위에 올려놓듯 훤히 내다보는 자만이 이 세상과 우주를 가질 수 있는 선택받은 사람이 될 것이다.

마음이란 것은 보고 듣고 생각하고 말하는 내면의 정신과 감정 작용만이 아니라 모든 물체들과 우리가 알지 못하는 것들의 복합 다양성에 두어야 할 것이다. 사물을 왜 보이지 않는 대상인 마음에 두어야 하는가.

만물은 보이지 않는 세상에서 인연화합이 되어 만들어졌다. 물론 보이지 않는 세상에도 극 미세한 미립자의 세상이 펼쳐져 있지만 말이다. 반야심경의 물체와 공이 같다는 이유가 여기에 있다.

마음은 보이지도 않고, 소리도 나지 않고, 냄새도 없으며, 색깔도 없다. 이런 마음을 찾아 공부한다는 것은 뭉게뭉게 피어오르는 뜬구름을 쫓아다니거나 황홀한 무지개와 오로라를 찾아 무작정 길을 떠나는 것이 아닐까.

마음에는 겉마음과 속마음이 있다. 겉마음은 일상생활에서 사용하는 겉으로 드러나는 마음, 생각하고 분별하는 마음이다. 속마음은 마음 깊숙이 내재되어 있어 눈에 보이지 않는 상황이어서 찾아내어 알아보는 것은 무척 힘들다. 속마음은 지금 태어나고 살아가는 현시점에서 만들어진 것이 아니라 아득한 시간을 거슬러 올라가야 찾아낼 수 있는 것이다.

불교에서는 속마음을 제8식이라 부르며, 이 8식에 저장되어진 것은 없어지지 않는다고 해서 아뢰야식(阿賴耶識) 또는 무멸식(無滅識)이라 불린다. 그래서 우리가 듣고 보고 냄새 맡고, 배우며, 삶을 사는 의식들이 씨앗이 되어 8식에 심어져 있다가 환경적 조건이 갖추어지고 때가 되면 살아나는 것이다.

속마음을 찾는 방법으로는 학문이나 지식으로는 접근하기가 힘든 영역이다. 왜냐하면 우주탄생 이전의 소식이기 때문이다. 오직 깨달음만이 심층적인 속마음을 찾을 수 있고, 볼 수 있기 때문이다. 그 시발점이 공(空)이기에 더욱 그렇다. 그렇지만 속마음을 찾아 깊이 들어간다고 해서 표층적인 겉마음을 무시할 수는 없다. 나무는 뿌리와 줄기 그리고 잎이 같이 공존해야 하는 것이기 때문이다. 속마음을 뿌리로, 줄기와 잎을 겉마음으로 두면 속과 바깥이 하나가 되어 이상적인 생명체가 만들어지는 것이다.

우리 인간들의 인성도 유전(nature)과 환경(nurture) 중 어느 것이 크게 영향을 미치는 것인가.

인간을 비롯한 다세포생물의 몸에는 세포가 두 종류 있다고 한다. 하나는 난자와 정자인 생식세포이고, 또 하나는 우리들의 몸 전체를 구성하는 체세포들이라고 한다. 발생생물학자인 바이스만은 생식세포는 체세포를 만들어내지만 반대로 체세포는 생식세포를 만들어낼 수 없다는 점에서 유전물질은 오로지 생식세포를 통해서만 후세에 전달된다는 사실이다.

쌍둥이도 환경보다는 유전역할에 따라 성격과 외모도 달라진다고 한다. 깨달음도 마찬가지이다. 내가 알고 있는 이상의 깨달음은 찾아오지 않는다. 그래서 전생과 배우는 학습시절에 선행을 하여 복을 짓고, 많은 공부를 해야 하는 것이다.

환경의 영향은 유전적 즉 속마음에 심어져놓고, 담겨져 있는 것들이 싹이 트는 것이다. 환경이 중요하지 않는 것이 아니라, 어느 것이 더 중요한가 하는 물음에는 유전이 먼저인 것 같다. 속마음에 담겨져 있지 않는 것은 일어나지 않기 때문이다.

2012년 캐나다의 맥길 대학교 생물학 교수들은 혹개미 애벌레에 성장 호르몬을 사용하여 동료들보다 훨씬 큰 슈퍼개미를 만들어내었다. 애벌레들은 그냥 두었다면 평범한 일벌레개미로 자랐을 것인데, 호르몬 덕분에 잠재해 있던 유전자가 현행되어서 슈퍼개미가 된 것이다.

연구진들은 3천만 년이나 6천5백만 년 동안 잠자던 유전자도 환경적 조건이 맞으면 다시 깨어날 수 있음을 이번 연구가 보여주었다고 말하였다.

요즘 뇌 과학이 발달하여서 마음을 뇌 속에 집어넣으려고 하는 이론이 있기도 하다. 하지만 인간의 뇌는 우주탄생 이후에 만들어졌고, 마음은 탄생이전에 있었던 분야이다. 뇌 과학 몇백 년의 역사가 시간과 공간이 끝이 없는 역사를 묶어 두려고 하는 것이다. 또 영혼과 마음을 기계적인 저울로 달아보는 실험을 하는 것을 봤는데, 그런 연구 노력은 가상하나 그 성질을 몰라서 하는 헛수고일 뿐이다.역사적으로 마음을 잘 알고 뚜렷하게 깨달은 분이 석가모니부처님이시다. 아인슈타인은 자신의 상대성이론을 바탕으로 불교공부를 했기에 연기법에 대해서는 박식했고 뛰어난 부처님의 가르침에 귀의를 하였다. 그가 뒷날 이런 말을 남겼다.

"내가 아는 한 진짜 허공을 본 사람은 석가모니부처님 밖에 없다."

불교에서는 마음을 알고 깨달은 사람을 보살과 부처라고

부른다. 그만큼 불교에서는 마음을 찾는 공부가 중요한 것이다. 예부터 이 마음을 점으로 나타내 보이거나 둥그런 일원상을 그려 보여서 알지 못하고 지나치기 쉬운 마음을 깨달음화하여 표현했던 것이다.

참된 마음을 찾은 사람은 신비한 바른 눈으로 행복과 평화를 만끽하고, 자신의 생각을 번뇌가 사라진 이상의 세계에 묶어놓는다. 공기 안에는 산소가 한없고 끝이 없는 것처럼, 마음 밭의 보물을 꺼내 쓰며 걸림 없는 자유인이 되어 하늘과 땅을 의지하고, 허공을 친구 삼아 많은 사람의 이익을 위해 노력한다.

혜능 스님은 참된 마음을 이렇게 말하고 있다.

"나에게 한 물건이 있으니 머리도 없고, 꼬리도 없으며, 이름도 없고, 글자도 없으되 위로는 하늘에 닿고, 아래로는 땅에 꽉차있으며, 밝기는 태양과 같으며 검기로는 옻칠과 같다. 항상 움직이고 사용하는 가운데 있으되, 움직이고 사용은 하지만 거두어들일 수는 없는 것이다."

고요하고 맑으며 텅 비어서 이름과 모양이 없는 마음, 이

것을 알려면 가짜 이름을 붙여야 하고 모습을 그려야만 하는 것이다. 그래서 참된 마음을 찾으면 가짜 이름과 모습을 놓아버리고, 항상 붓다와 관세음보살처럼 잔잔한 아름다운 미소를 머금으며 모든 이들을 교화해야 한다.

우리들도 참된 마음을 찾는 공부를 통해 내면의 행복과 평화 그리고 자비심을 누려서 진정으로 행복한 바른 삶이 무엇인지 알아보는 것은 어떠한가.

세상 사람이 욕심 없이 살 수 없지만 욕심을 보리심으로 바꾸어 마음공부를 하여 달을 마음에 품고 진정한 큰 사람, 영웅이 되어보는 것이 어떻겠는가.

마음은 누구나 갖고 있다. 마음공부를 하는 것이 불교이다. 그래서 불교는 모든 것을 포용한다.

마음을 어떻게 먹고, 어떻게 쓰느냐에 따라 인생의 성패와 행복 그리고 불행이 좌우된다. 우리는 저마다 자기 마음의 주인공이듯이 나의 생각을, 나의 마음을 잘 쓰고, 잘 다루고 이끌 줄 아는 사람이 되려면 중요한 시간을 투자해서 공부를 하는 것이 바람직하지 않겠는가.

마음을 간략히 말한다면 빛과 소리의 조합이다. 우리들은 항상 내면으로 빛을 들이키고 소리를 내뿜으며 살아가고 있다. 아득히 먼 세월동안 함께하고, 만물을 따라다녔던 '빛과 소리', 때로는 우리를 감싸 안고 시간 여행을 다녔고, 때로는 저 멀리 끝없는 공간으로 내 몰았던 따뜻한 자비의 마음과 냉정한 지혜의 작용이 빛과 소리이다.

'빛과 소리를 찾아 향해 나아가는 것이 마음공부이다.'
하늘에 밝게 빛나고 촘촘하게 박혀있는 은하별 들을 보며 탄성을 지르듯이 신비롭고 아름다운 내면의 마음을 보고, 그 경이로움에 탄복하여 달콤한 눈물을 흘리고, 무언(無言)의 소리를 듣고 끝없는 환희심에 젖어 걸림 없는 춤을 추는 것이 정말 삶의 진정한 의미와 행복을 실은 기차를 타는 것이다.

부처님께서 기원정사에 계실 때, 한 젊은이가 찾아와 여쭈었습니다.
"무엇이 세상을 유지하고
무엇이 세상을 이끌고 있으며
어떤 법이 있어 이 세상을 제어합니까?"
부처님께서 말씀하셨습니다.
"마음이 세상을 유지하고

마음이 세상을 이끌고 있다.
그 마음이 한 법이 되어
세상을 능히 제어하느니라."

  당신도 마음공부를 통하여 성공을 하고, 정말 이 세상에 행복의 빛과 창조의 빛, 성공의 빛 그리고 평화의 빛을 나누고 비추어주는 훌륭한 사람이 되어 많은 사람들이 가지고는 있으나 아직 피어오르지 않는 마음꽃을 아름답고 흐드러지게 피어나게 하여 그 향기와 미묘한 음성으로 활기차게 이 세상을 이끌어 나가는 선봉장이 되기를 바란다.

정진

3년 결사 첫날이다.

새벽에 일어나 앉으니 온 몸이 무겁다. 몸뚱이가 나의 말을 도무지 듣지를 않는다. 영양분이 모두 빠져나간 힘없고 쓸모없는 검정 쭉정이 씨앗처럼 말이다. 건강한 체질인데, 말라빠진 오이지 마냥 몸과 마음은 지쳐있었다.

어! 내가 왜 이렇지.

사명산이 나를 받아주지 않는 걸까? 사명산은 여신이 살고 있다고 하니 도량이 조금 까다로운가. 목탁 들 힘도 없다. 목소리는 더욱더 안 나온다. 간신히 예불과 기도를 마치고 기어 나오다시피 하였다.

열심히 수행을 하려고 어렵게 마련한 도량이다. 이런 일은 없었는데 분명 무엇인가 이상했다. 도심에서 편안히 살다가 산중으로 들어오니 새로운 환경에 적응이 안돼서 그런 것인가?

괴로움을 주는 범인은 바로 꽃가루였다. 도량 마련에 힘이 빠진 스님을 꽃가루가 집중적으로 코를 공격하였고, 힘없는 지푸라기 허수아비로 만들어 놓은 것이다. 내가 이런 작은 존재에 맥없이 무너지다니! 자존심이 상했다. 사람들은 강한 것처럼 티를 내지만, 눈에 먼지만 들어가도 정신을 못 차리며 괴로워한다. 미세한 세포에도 맥을 못 추는 것이 현실이다.

'바이러스가 인간을 잡아먹는 세상이다.'

하찮은 세포에도 하심 하는 방법을 배워야겠다.

방안에서 앞산을 쳐다보면 두 가지 즐거움이 마음을 열어준다.

첫번째는 출가를 정말 잘 했으며,

두번째는 월명리 목넘어 계곡으로 이사를 한 것이다.

마당에서 뒷산을 보고 있노라면 지난 날 꾼 꿈이 이루어질 것만 같은 강한 불꽃이 일어난다.

비단 위에다 수를 놓은 것만 같은 앞산과 뒷산, 용이 하늘을 오르고 호랑이가 편안히 누워있는 모양의 산줄기 그리고 끊임없는 산새소리와 물소리를 들으며, 나는 즐거움을 머금고 자연과 친구가 되어 많은 사람들과 함께 평화와 안락의 길을 찾기 위한 정진에 들어간다.

이웃

오늘은 아침부터 번뇌 망상이 치열하였다.

그러던 중 싱크대 안에서 부스럭 부스럭 거리는 소리가 들려온 것이다.

쥐가 들어왔나. 내가 제일 싫어했던 건 쥐다. 쥐 중에서도 집에 살면서 시궁창에서 노는 엉덩이가 크고, 꼬리가 긴 집쥐가 제일 무섭다. 쥐 얘기만 들어도 치를 떨었는데, 이제는 그냥 그렇다.

이것이 마음 수행의 힘일까.

다가가 문을 열어봤다. 지금까지 들렸던 소리가 바로 그쳐 버렸다. 허무한 마음에 자리에 돌아가 앉는다.

바지락 바스락 또다시 싱크대 문을 열어 봤다. 안에는 아무도 없었다.

거 희한한 일일세!

며칠이 지나서 소리의 진상을 파악해 냈다.

우리 절 가스레인지 배기통 안에 엉덩이가 노란 산새 한 쌍이 집을 지어놓은 것이다.

어느 날은 국을 끓이려고 가스레인지를 틀다가 깜짝 놀라고 말았다.

새들이 뜨거운지 연신 짹짹 거리며 살려달라는 비명을 지르는 것이었다. 소리에 깜짝 놀라 얼른 가스레인지의 불을 껐다.

휴……

'새야 집세는 안내니!'

나는 서울 포교당에서 매달 집세 내고 살았는데.

조용—

'집세 안 내도 좋으니 오래 사르렴.'

하하하!

밤에는 비가 내렸다. 한참 자고 있는데 팔에 차가운 기운이 감돌더니 이내 잠을 깨게 했다.

비가 새는 걸까. 비는 아니었다.

다시 잠을 청하는데 차가운 기운이 엉금엉금 걸어다니고 있는 것이 아닌가. 깜짝 놀라 얼른 일어나서 불을 켜보았다. 작고 깜직한 청개구리 한 마리였다.

어떻게 들어왔지. 하는 생각에 청개구리는 미끈한 고개를 돌려 나를 빤히 쳐다보고 있는 것이다. 얼른 잡아서 문 밖에 내다놓고 다시 누웠다.

잠깐 사이에 이런 생각을 해보았다. 개구리가 고개를 돌려서 사람을 쳐다봐! 혹시 관세음보살 화신이 아닐까.

신라시대 혜공 스님은 우물에 들어가면 청의 동자가 나왔다고 하던데…….

새로운 맛

　　　　오후에는 먹지 않으니 예전처럼 몸은 가벼워졌고, 작은 번뇌도 사라지는 느낌이 들었다.

서울에서도 진작 이렇게 할 것을 그랬나보다. 고요한 산중이고, 오후에 먹지 않는 탓인지 정진에 가속도가 붙었다. 편안하고 즐거운 마음으로 정진을 이어갔다. 그러나 좋은 일에는 마(魔)가 낀다고 했던가.

아침부터 수도의 물줄기가 약했던 것이 오후에 산행을 하고 샤워를 한 후부터는 물이 전혀 나오지 않는 것이다. 여러 가지 번민이 스쳐 지나간다.

물탱크를 묻은 자리는 비가 오면 고이는 물깊이가 얕은 샘이었다. 며칠 동안 날씨가 좋았으니 물이 말라버린 것이다.

그만 하산할까?

도량이 좋아 살기로 한곳인데, 나를 받쳐주지를 않는구나! 서글픈 마음에 관세음보살님에게 하소연을 했고, 좌선정진 중에 한 생각이 떠올랐다.

그래 물을 길어다 먹는 거야! 옛날 분들은 다 그렇게 사셨는데, 너는 뭐가 대단해서 건방을 떠느냐! 물질문명에 젖은 게으르고 나태한 나 자신에 대한 따끔한 한마디였다.

그러한 후 염불이 마음에서 쉼 없이 흘러나와 염불선정의 환희심에 나도 모르게 그만 울음을 터뜨렸다.

좌선을 마치고 바랑에 물병을 넣고 물을 떠 나르니 마을 이장님이 오셨다. 무엇을 하느냐고 묻기에 샘이 말라서 물을 떠다 먹는다고 하였다.

달

        내가 이곳 목넘어 계곡을 좋아하는 이유는 주위 자연 경관은 물론 이겠지만 특히 카드섹션 놀이를 하는 것처럼, 시간마다 펼쳐지는 앞산과 하늘이 절묘하게 뭉쳐져 있는 모습들은 정말이지 천국에 올라와 있다는 착각을 일으키게 할 정도이다.

  더군다나 밤에 뜨는 별은 무척이나 밝고 커서 어느 별은 UFO가 아닌가 하는 착각을 일으킬 때도 있었다.

  내가 사는 마을 이름이 월명리(月明里)인데, 이 지역에 뜨는 달이 밝게 보인다고 해서 붙여진 이름이다. 진짜 달이 밝은지 한밤중에 나가 확인을 해보니, 이건 달인지 전기 불을 매달아 놓은 것인지 분간이 안 간다. 보름달이 뜨는 날이면 마치 백열등을 달아 놓은 것처럼 밝게 빛나고 있었다.

그런 달빛을 몸에 묻히고 한 움큼 주머니에 담아와 곤한 잠을 청하기도 하였다.

이상한 것은 서울 포교당에 있을 때 컴퓨터 배경화면을 바꾸고 나서 월명리로 이사를 왔다. 그런데 배경화면에 떠있는 둥그런 달과 산 모습들이 이 도량과 흡사한 것이다. 이것은 부처님의 계시가 아닐까.

깨끗한 계곡물과 휘영청 밝은 달이 뜨는 이곳은 밤에는 수월관음이 상주하는 도량이요, 청량골이라고도 불리는 햇빛이 춤을 추는 곳으로 일만의 권속을 거느린 문수보살이 상주하는 도량이다.

자비와 지혜가 항상 머물러 있는 곳에서 나도 마음달을 환하게 밝혀야겠는데. 그것은 아마 여러 가지 수행법 중에서도 자신을 속이지 않고, 순수한 마음으로 실천하는 자가 깨달음으로 가는 일순위요, 진정한 수행자라 할 것이다.

불이(不二)

새벽기도 중에 염불소리와 목탁소리를 힘차게 빨아들였다.

일명 '회광반조' 또는 '반문문성'이라 한다.

회광반조(廻光返照)는 자신을 돌이켜 보는 것이다. 나를 비추어주는 빛과 밖으로 향하는 마음을 돌이켜 자신을 보며, 내면을 바라보는 것이다.

좋았던 일, 나빴던 일, 시기, 질투, 탐욕, 분노, 음심 모든 것이 집약되어 있다. 그런 마음 씀을 바라보며 자신을 다스리고, 절제할 수 있는 모든 수행의 기본방법이다.

텅 빈 마음에서 분별하는 모습과 모양이 만들어지고, 그 모습과 모양이 녹아내리며, 텅 빈 마음마저 무너질 때 참된 인간이 떠오른다.

무에서 유를 창조하는 것이 마음이다.

반문문성(反聞聞聲)은 듣는 소리를 돌이켜 듣는 성품을 바라보는 것이다.

이 반문문성은 관세음보살이 힘을 얻은 수행이다.

소리를 내고, 듣는 자신과 성품이 텅 비어 있는 것을 바라보며 깨닫고, 나와 텅 빈 것에도 머물지 않아 '법의 공함[法空]'을 얻고, 법공과 깨달음에도 집착하지 않는다. 그리하여 모든 경계는 사라져버리고 본래 가지고 있는 모습이 눈앞에 나타나는 소리와 자신을 바라보는 수행. 파도소리와 계곡이 흐르는 물소리, 새소리가 끊이지 않는 곳에 관음도량이 있는 것이 이러한 이유에서다.

우리말에 눈으로 사물을 주의깊게 살펴보는 것을 '유심(留心)히 본다' 라고 한다. 유심히 라는 말은 마음이 보는 대상에 머무른다는 뜻이다.

눈으로 대상을 본다고 하지만 실은 내다보는 것은 마음작용이다. 마음이 눈을 통하여 보고 판단하고 있는 것이다. 그러기에 우리는 소리와 향기, 맛 그리고 내면을 마음의 눈으로 바라볼 수 있는 것이다.

사람은 언제나 대상과 함께하고 대상과 하나로 어울린다. 선한 마음을 가지면 대상을 선하게 보고, 악하고 못난 마음을 가지면 대상을 나쁘게 보게 되는 것이다.

관조(觀照 : 비추어 보는 것)와 지관(止觀 : 마음에 동요가 없이 바라보는 것)은 둘이 아니다. 바르게 바라보는[觀] 곳에 선정의 지(止)가 있고, 비추어 바라보는 곳에 '관'이 따르는 것이다. 그렇기 때문에 '지'를 강조하는 사마타(śamatha)와 '관'을 강조하는 비파사나(vipaśyanā) 수행은 같다고 보는 것이다.

사마타(止)가 비파사나(觀)가 안 되면 반쪽 수행이요
비파사나가 사마타가 안 되면 장님 신세를 못 면한다.

행복 1

나는 잘 생기고, 멋진 앞산을 보면서 늘 공양을 하고 있다.

어느 날은 '나는 왜 이렇게 행복한 거야.' 하면서 입고리가 귀까지 올라간 미소를 짓는데, 속으로는 푼수가 따로 없네! 그게 바로 너구나.

마음의 행복을 오랫동안 유지하는 자가 성인이요 잠깐 동안 머물러 있는 행복은 일반 사람들의 행복이다.

반찬거리는 봄이 익은 산천에 널려있어 그때마다 따서 해 먹는다. 두릅순과 엄나무순은 데쳐서 고추장 찍어먹고, 취나물은 쌈 싸먹고, 질경이는 된장국을 끓여먹는다. '소욕지족'이라 했던가 배부르고 많은 것을 가진 자는 도를 이룰 수 없다는 생각을 잠깐 해보았다.

이곳 사명산은 산새들이 무척 많다. 나는 조류학자가 아니어서 새 이름을 자세히 모른다. 그러나 많은 새들 중에서 내가 이름 지은 새가 있다. 모습은 볼 수 없으나 새소리가 거창해서 붙인 이름이다. 일명 반야새.

반야·반야·반야·반반야~

이 새소리를 듣고 있노라면 나는 반야(지혜)를 얻은 것만 같은 착각을 하기도 한다. 혼자 적막한 시간을 보낼 때면 이 소리를 듣고 싶다. 그럴 적마다 나의 마음을 알았다는 듯이 힘차게 들려온다.

반야·반야·반야·반반야~

지혜를 얻으세요. 지혜를 얻으세요. 지혜를 얻으세요. 큰 지혜를 얻으세요.

스승이 따로 없다.

개미

　　　　어느 날 방안을 살펴보니 개미들이 정신없이 돌아다니는 것이 눈에 띄었다.

　의자 밑과 이불 밑, 여기저기 개미들이 줄을 맞추어 일렬로 행진을 하며 무엇인가를 열심히 하고 있었다.

　어. 이것 봐라!

　빗자루로 쓸어서 쓰레받기에 담아 계속해서 밖으로 내보내는데도 연신 중대 병력의 숫자가 항상 있었다. 그렇게 하기를 며칠간 어느 날 손님이 찾아왔다.

　방안에서 차를 마시는데, "개미가 많네요." 하고 말을 꺼내

놓는다.

이놈들을 가만히 나둘 수 없었다. 당장 약국에 가서 개미 쫓는 약을 사왔다. 그런데 박스 앞부분을 자세히 살펴보니 쫓는 약이 아니라 죽이는 약이 아닌가. 허참! 살생을 할 수는 없지… 개미 약을 서랍에 둔 채로 며칠이 지났다.

나로선 개미들이 어디로 들어왔는지 알 수 없었다. 어느 날 집 주위를 살펴보니 조그만 구멍 두 곳을 발견했다. 그곳이 개미들이 방안으로 들어오는 개구멍 아니 개미구멍이었다. 구멍을 막고 나서는 개미들이 눈에 띄게 없어졌.

시간을 가지고 곰곰이 생각을 하니 일이 해결된 것이었다.

나의 다소나마 급한 성격을 '시간보살'은 기다림을 가르쳐 주었고, 멋진 해결도 해준 것이었다.

시간보살 마하살.

점검

6월초지만 아침엔 제법 쌀쌀하다.

하 - 하고, 입 바람을 불면 옅은 김이 나올 정도이니까.

오늘은 사시기도를 올리고 마을로 내려가 점심공양을 하려고 스케줄을 잡았다. 김치며 된장국, 나물반찬 등 내가 먹는 밥상과는 차이가 있는 훌륭한 진수성찬들이 즐비하다.

내가 마을로 내려간 진짜 이유는 공부를 점검하기 위해서다. 사람을 만나고 말을 할 때 나의 공부는 어느 곳에 있는지 말이다. 상황에 따라 마음과 공부가 휩쓸려가지 않는지……
마음공부에서는 점검이 중요한 일이다.

특히 이 보살님은 대화하는 것을 좋아하는 것 같았다. 맛있는 점심을 먹고 서비스로 커피를 마신 후 기다렸다는 듯이 보살님은 이야기보따리를 푸셨다.

"내가 이래 봐도 산삼 캔 여자예요."
나는 공부를 안 놓치려고 하면서 한마디 했다.
"장뇌산삼 캤어요."
"사람들이 잘 안 믿어요. 진짜 산삼을 캤어요."
말인즉 나물을 뜯으려고 산에 올라가다가 산삼 20뿌리를 캤다는 것이다.
그 보살이 다시 말을 꺼냈다.
"산삼을 캐서 모자에 담아서 내려오는데 무척 흥분 됐어요."
"그래요."
나는 말을 하면서 다시 점검을 해나갔다.
"집안 식구들과 나눠먹고, 나머지는 필요하신 분한테 저렴한 가격으로 팔았어요."

흡족한 마음으로 절에 돌아와 보니 몸이 안 좋았고, 속도

매스꺼웠다. 벽에 기댄 채 쉬어도 몸은 좋아지지 않았다.

좌선 시간이 되어서 좌선을 해나가니 10분 정도 지나서 속도 개운해지고, 어느 순간 몸도 풀렸다.

음! 좌선을 안심법문(安心法門 : 마음이 고요하여 안정을 얻음)이라고 했었지 몸과 마음이 시원했다.

좌선을 마치고 물을 길러 내려간다. 요즘처럼 물이 이렇게 귀한 것인지 몰랐다. 우리에게 꼭 필요하지만 늘 가까이 있어 공기와 함께 고마움을 모르고 지내왔지.

지금부터 물 한 방울도 아껴 쓰는 사람이 돼야지.

물 긷고 나무하는 것은 큰 스승들의 가풍(家風)이건만 요즘 이런 절은 흔치않다.

진주

　　　　직업에 따라 직업병이 생기듯이 스님들도 무엇을 하고 사느냐에 따라 찾아오는 업병이 다르다.

선승은 오랫동안 다리를 꼬고 앉아 있으니 다리가 약하고,

학승은 많은 세월동안 책을 바라보니 눈이 나빠지며,

행정승은 관료주의가 강하다.

국악을 하시는 분들은 목에서 피를 토해내야지 득음의 경지에 오른다니, 이런 살아있는 고통을 넘어서야지 진정한 고수가 될 수 있는 것이다.

나에게도 직업병이 고통을 안겨줬다. 고성으로 염불을 하

니 식도에 염증이 생겨서 한때는 수시로 병원을 다녔다. 특히 봄이 되면 심해져 염불을 하게 되면 괴성이 흘러나와 듣는 분들도 괴로웠을 것이다.

그후에는 목탁을 치는 팔이 문제였다. 나무로 만든 목탁을 치니 그 울림이 뼛속까지 전달돼 힘이 쉽게 빠져나가 기력이 약했다. 지금은 어깨에 있는 승모근이 바늘로 찌르는 것처럼 따끔거린다. 그럴 때면 깜짝하고 놀라기도 한다.

조개는 자신의 몸속으로 들어오는 모래를 살이 찢어지는 아픔을 감수하고 밀쳐내서 찬란한 진주를 만들어낸다. 짧은 시간에 만들어 쉽게 파는 짝퉁이 아니라 긴 세월이 지나야만 맺어지는 명품열매.

그런 명품 결정체인 진주를 사람들은 고귀하고, 아름답게 여긴다.

인간들도 마음의 결정체인 깨끗하고 향기 나는 인격을 만들어내어 자신을 명품으로 만들어가는 것은 어떠한가.

없애야 될 것

사람들의 원초적 버릇은 쉬이 바뀌어지지 않는다.

수면욕·음욕·식욕… 부처님께서도 몸을 유지하기 위한 기본적인 수면을 하셨고 최소한의 음식을 드셨다.

사람마다 제각기 성격이 다르듯이 중생들에게도 여러 버릇 중에서도 강한 것이 서로 다르다. 수면이 강한 사람, 음욕이 강한 사람, 식욕이 강한 사람… 나는 이것을 고유의 업(業)이라 말하고 있다. 이 고유의 업을 절제하고 다스릴 줄 알면 수행의 반은 해 놓은 셈이다.

오늘 아침엔 죽을 끓여먹었다.

요즘 며칠째 찌는 듯이 더웠다. 오늘은 얼마나 더울런고?

산책을 나갔다가 돌아오는 길에 저절로 웃음이 나왔다. 아~ 하! 하!

참 묘하지, 희한하네! 어쩜 생긴 것이 저마다 다르고, 귀엽고 아름다울까.

돌은 돌,

나무는 나무,

풀은 풀,

같은 종류끼리도 이렇게 다르지.

산속에 있는 만물이 저마다 다른 고유의 아름다운 모습이 눈에 보이기 시작하여 환희심이 찾아온 것이다.

점심에는 오이고추를 반찬으로 먹었다. 아삭하고 씹는 순간 매운 향과 맛이 입안에 퍼졌다. 햐 - 되게 맵네. 하나도 안 맵다고 샀는데 말이야.

중국 초나라의 한 무기 장수가 자기의 창은 어떤 방패로도 막을 수 없고, 방패도 어떤 창으로도 뚫을 수 없다고 자랑하자. 어떤 사람이 만약 당신의 창으로 당신의 방패를 뚫으면 어찌 되겠느냐고 물으니 말문이 막혔다는 모순, '창 모(矛)' '방패 순(盾)' 말과 행동이 어설퍼서 앞뒤가 맞지 않다는 말이다.

자신의 이익을 위해 사람들은 모순을 만들어낸다. 알게 모르게 남을 속이는 행동, 자신의 주장이 옳은 것 같아도 뒷날 보면 별로 옳지 않는 그런 말들, 풀려고 하지 않고 자르려는 인생. 이 사바세계에 태어난 자체가 앞뒤가 안 맞는 모순된 삶을 살아가는 것이 아닌가.

이런 모순된 세상에서 벗어나는 길은 앞뒤의 구멍이 하나인 깨달음으로 세상을 바라보고 고통을 해결해야 가장 훌륭한 방법일 것이다.

무엇이 부처입니까?

한때 나에게 미움을 받은 무리들이 있었다.

법당 바로 뒤에는 약 50그루의 낙엽송들이 산다. 키가 어찌나 크고 곧은지 보는 순간 부담이 가는 그런 나무들이다. 처음에는 이놈들을 없애려고 하였지만 국유지 안의 나무라 나무 자르는 기술자들도 고개를 흔든다.

이것들을 없애려고 하는 진정한 이유는 법당에 바로 붙어 있어 시야를 가리고, 태풍이나 장마가 지면 법당 쪽으로 쓰러질 것 같은 걱정 때문이었다. 나무의 이파리들이 얼마나 많이 날리는지 바람만 불면 창틀과 옷에는 뾰쪽한 잎들이 한 움큼씩 뭉쳐 있곤 한다. 그러면 고개를 90도로 꺾어서 멍하니 나무를 쳐다보는 것이 일이다.

그러나 그들도 애를 쓰며 살려고 할 것이고, 나름대로 존재 가치가 있는 귀한 생명들이 아니겠는가. 또 다르게 생각을 해보면 그들이 수호신이 되어 나를 보호해 준다는 생각이 들기도 한다.

나의 생각이 짧음을 인정하면서 지금은 그들을 보면서 친해지려고 말도 걸어보고, 쓰다듬어 안아도 보고 무던히 노력을 한다.

무엇이 부처입니까?
법당 뒤의 낙엽송이니라.

실마리

아침기도부터 잡념이 집을 지었다.

졸음에 빠진 것을 달콤하다고 하면, 잡념은 맛있다고 할까. 뜻하는 일들이 전부 이루어지니 말이다. 잡념을 따라가다 보면 마음을 하나로 모을 수가 없다. 그래서 잡념을 잡지 말고 놓아야 한다. 어떤 사람은 버리라고 하지만 마음은 버릴 것이 없다. 놓아야 한다.

어제 샘물자리를 보러 다녔다. 절이 있는 곳은 지대가 높아서 밑에서 끌어 쓰기는 어렵고, 알맞은 물이 있었지만 거리가 너무 멀어 아쉽다.

요즘은 하늘만 빤히 쳐다본다. 가물었을 때의 농부의 마음처럼 많은 비가 내리기만 기다릴 뿐….

그 찰라 창문에 붙어있는 나비만이 나의 마음을 알아준다는 듯 활기찬 날갯짓에 걱정스러운 마음을 덮어둔다.

집 앞 풀숲이 있는 곳에서 반짝이는 나뭇잎을 발견했다. 반짝반짝 예뻤다. 자세히 바라보니 자신의 체액이 잎 밖으로 나온 것이 햇볕을 받아 반짝거렸던 모양이다.

모든 생물들에게는 자신만의 독특한 물이 담겨져 있다. 사과에는 사과즙, 배에는 배즙, 옻나무에는 옻나무 액이 나온다. 나에게는 무슨 물이 나오려나. 스님의 물과 향이 베어 나와야 하는데….

오후에는 KT 직원이 찾아왔다.

이 지역은 핸드폰이 안 터지는 지역이다. 안테나 설치를 하기 위하여 사전조사를 나온 것이다. 직원의 말이

"2~3개월은 걸리겠는데요."

"너무 길어요. 1~2개월 안에 해주세요."

"저희들도 혼자 하는 것이 아니라 여러 부서가 협약이 돼

야 해요."

"그러면 2개월 안에 해주세요."

"알겠습니다."

시원하고 만족스런 대화였다.

직원이 떠나면서 문득 하는 말이

"3년 뒤엔 많이 커지겠네요! 바쁘시겠어요."

오늘은 무척 더운 날씨였다. 저녁기도를 마치고 법당 밖으로 나오니 하늘에서 우르릉거리며 이내 비를 내렸다. 반사적으로 하늘을 쳐다봤다. 오늘처럼 빗소리가 이렇게 반가운줄 미처 몰랐다. 나의 얼굴은 환한 달덩이가 되었다. 물탱크에 물이 가득 차서 내일은 볼일이라도 편하게 봤으면 좋겠다.

염불

어젯밤 천둥소리와 비오는 소리를 들으며 잠이 들었다.

잠을 자는 도중에 이상한 일을 경험해서 그런지 다른 날보다 1시간 먼저 일어났다. 일어나면서 제일 먼저 하는 일은 공부가 마음 안에 있는가, 없는가, 확인을 하는 것이다. 그러면서 잠자리에서 천천히 일어나 공부를 하면서 일상생활을 시작한다.

오늘 일어나서 제일 먼저 한 일은 물을 틀어 보는 것이었다. 수도에서 졸졸졸 물이 흐르더니 금방 그쳐 버렸다.

'아 나!'

내가 어려움에 처했을 때 내는 소리다. 어젯밤에 비가 충분히 내리지 않았구나. 힘이 빠진 새벽이었다.

이상한 일이란. 밤에 천둥이 치니, 방안의 천정에서 불꽃과 스파크가 번쩍 일어나는 것이다. 그것을 어젯밤 자다가 잠결에 보았고, 저번 날에도 한번 보았다. 더욱 이상한 것은 천정 안의 전선에서 스파크가 일어나거나 천둥의 작용에 의하여 불꽃이 튀겼다면, 타거나 누른 자국이 있어야 할텐데 그런 것은 없었다. 무슨 현상일까?

사시기도 도중 염불에 힘이 없었다. 처음 이 도량에서 염불을 시작할 적에는 서울에서 마이크 잡고 하던 버릇처럼 조그만 목소리여서 그런 건지, 사명산에서 나의 염불소리를 쭉 - 스펀지처럼 빨아들이는지 도통 염불소리가 약하고 마음대로 나오지 않는다.

염불(念佛)이란 지금[今] 마음[心]에 부처님[佛]을 생각하는 것이다.

단순히 외우는 것에 그치지 않고 바라보고 마음으로 비추어보는 것에 뜻을 두어야 바야흐로 염불선이 되는 것이다.
 중요한 것은 '바로 지금'이다.

망(忘)

　　　　새벽기도를 마치고, 창밖을 내다보니 산새 소리와 계곡 물소리, 산을 뒤덮은 자욱한 안개가 나를 저절로 해맑은 미소를 내놓게 하였다.

여러분! 우리 모두 관세음보살이 됩시다.

우리 모두가 관세음보살처럼 인자하고 지혜로운 사람이 되면 이 세상에는 더 이상 전쟁과 죄악 그리고 굶주려 죽는 비극은 사라지고, 진정한 평화와 안락이 공존할 것입니다. 나와 남을 사랑하고, 다른 나라의 삶을 이해하며, 이기주의

적 행동과 사고방식은 멀리 떠날 것이며, 얼굴에는 늘 진실한 미소를 머금는… 이 지구 전체가 아름다운 연꽃이 될 것입니다.

우리들이 자비롭게 되어가는 것이 이 땅에 태어난 목적이며 의무인 것을 알아야 합니다. 이 의무를 지키지 않을 때 우리들은 윤회의 고통 속에서 헤맨다는 것을 다시 한번 더 잊지 말아야 합니다.

우리가 우리의 진짜 이름을 찾을 때 떳떳한 주인이 되며, 걸림이 없는 주인 노릇을 하며 사는 것입니다.

자. 우리들의 찌그러진 가면을 벗어버리고 진짜 얼굴을 드러냅시다. 그래서 자신이 자비로운 관세음보살이라는 사실을 만천하에 알려야 합니다. 남을 배려하는 일이 진실로 자신을 위한 일이며, 성숙시키는 것임을 알 때 우리는 그것을 실천으로 옮겨야 합니다. 그래야만 내면의 반쪽짜리 달과 그믐달이 둥그런 보름달이 되어 만천하를 비출 수 있을 테니까요.

요즘 들어 많이 잊어 먹는 삶을 이어간다.
『천수경』을 독경하면서 『천수경』도 잊어먹고, 다기 물을 붓고는 주전자를 놓고 나와야 되는데 들고 나오며, 가사 장삼 입는 것을 잊어버리고 예불을 보고, 간혹 시간도 잊는 등 웃지 못할 일들이 일어난다.

이곳은 요즘 어수선하다. 이유는 상수도 공사를 바로 밑에서 하고 있어서다. 구제역 파동 때문에 지하수를 식수로 쓰던 마을이, 계곡 물로 식수를 바꾸는 작업을 하고 있다. 그래서 포클레인 소리가 바로 앞에서 들리고, 길은 파헤쳐 있으며, 사람들은 왔다 갔다 부산스럽다.

자연

오늘 새벽기도는 산새와 함께 진행을 했다.

탁! 탁! 목탁을 치면 삐뽀~ 삐뽀~ 하면서 『천수경』을 같이 독송하는 것이다. 이번엔 정근이다.

관세음보살·관세음보살… 포르르·포르르… 그와 함께 나뭇잎도 달콤한 잠에서 깨어나 귀찮은 듯 나의 염불소리에 귀를 기울여준다.

불교에선 새들과 밀접한 관계가 있다. 탱화에서도 새가 염주를 물고 어디론가 날아가는 모습을 많이 볼 수 있고, 관세음보살의 화신인 관음조, 극락세계에서도 많은 새들이 등장

한다. 그것은 새가 자유로이 하늘을 날아가고, 티없이 맑고 밝은 소리로 사람들의 마음을 깨끗하고 순수한곳으로 돌이켜 주기 때문일 것이다.

점심공양을 마치고 핸드폰 점검차 마당에서 핸드폰을 만지고 있었는데, 그만 벌이란 놈이 팔에 침을 놓고 도망가버렸다. 노란 침봉을 얼른 떨어 버려서 크게 쏘이진 않았지만 벌겋게 부어올랐다.

벌.

나는 벌에 대하여 좋지 못한 추억이 여럿 있다.

꼬맹이였을 적에는 벌집에다 돌을 던지다가 꿀벌들의 집단 세례를 받아 입이 남산만해지고, 코가 삐뚤어져서 고생을 했고, 고등학교 때에는 개울 둑길을 걷다가 벌이 머릿속으로 들어가 나오지는 못하고 윙윙 거리며 헤매다가 끝내 머리에다 침을 놓고 도망을 친 고얀 꿀벌 녀석!

출가에서는 팔공산에 있는 암자에 큰스님이 계시다는 소문을 듣고, 법거량을 한다고 암자로 팔을 흔들며 씩씩하게 올라가다가 그만 손등을 쏘여 바로 하산한 일들.

글을 쓰는 지금도 매미만한 벌이 법당으로 들어와서는 나를 위협한다.

　벌아 앞으로 잘 지내자. 사랑한다.

　오후 좌선을 마치고는 물을 길렀다. 물을 길렀던 근처는 공사 중이라 마을로 내려가야 한다.

　내가 사는 이곳은 월명리 목넘어골이다. 이 계곡에는 다섯 집이 조용하게 살고 있다. 그중 노부부가 살고 계시는 집으로 물을 길으러 가는 것이다.

　투덜거리며 내려가지만 마음만은 즐겁고 편안했다.

꿈

　　기도와 참선에 심취해서 바랑을 메고 전국을 돌아다니다가 계룡산의 한 암자에서 열심히 정진할 수 있는 훌륭한 토굴을 바라면서 기도를 한 적이 있었다. 그후 십여 년이 흐른 뒤에야 멋진 곳에 자리를 잡게 되었다.

　한때는 스님들의 행태와 종단이 마음에 들지 않아서 조계종을 떠나려 했으나 꿈속에 나타나신 노스님이 '그래도 조계종은 위대한 거야!' 하는 한말씀에 마음을 바꿔 먹었다.

　나와 갈 길이 다른 은사스님과 이젠 인연을 놓아야겠다는 생각에 자상한 모습으로 꿈에 나타나시어 목탁 치는 법을 알려주시는 스님.

보살사상에 심취한 젊은 스님을 길들이려고 하는 보살님들.

이런 꿈과 추억을 안고 달이 밝은 동네에 거처를 옮겨왔다.

그전에 암자에서 기도를 마치고는 선현의 응답이 없어서 나에게는 훌륭한 토굴이 생기지 않을 것만 같았다. 그러나 십여 년이 지난 지금에야 이루어졌다.

'진실한 기도는 반드시 이루어지는 것이다.'

포교나 불사를 하면서 배운 것은 사람을 너무 믿지 말고, 부처님이나 관세음보살님을 믿으면서 해나가야 된다는 것을 깨달았다. 진심으로 잘 대해준 분들은 나를 떠나버리고, 뒤에서 나를 바라보는 사람만이 아직 나를 따라주고 있으니 말이다.

아직 젊으니까 괜찮다는 노스님 말씀, 스님은 무엇을 하실 거라는 위로의 말씀은 당분간 마음을 편하게 만들기는 했다.

'본사에서 국장소임을 보면서 편안하게 포교를 할 수 있는데…' 하면서 나를 다독거렸던 도반스님. 편안하고 안정된 생활을 버리고, 홀로 길을 걷는 것은 나에게 꿈이 있어서다.

오래전부터 꾸어온 꿈. 그 꿈을 위해 많은 것을 준비하고 노력을 해왔다.

  다시 그 꿈을 위해 앞으로 나가고 다독거리며, 나의 땅을 굳건히 다지면서 모습을 하나씩 만들어 나가고 있다. 육신의 몸이 없어져도 내 꿈은 없어지지 않을 것이다. 아니 그렇게 바랄뿐이다.

마지막 공부

깜깜한 밤중에 일이 터졌다.

기도 중에 전기가 끊긴 것이다. 임시로 끌어 쓰는 전기인데, 그 전기가 나간 것이다. 다행히 엄나무 밭에서 작업하는 거사님의 제초기 소리로 사건발단의 짐작을 할 수 있었다.

기도를 마치고 깜깜한 밤중에 손전등을 들고 전선 길을 따라가 보았다. 아니나 다를까. 제초기에 전선이 엉망진창이 되어있었다. 손전등에 의지하여 선을 잇는 작업을 마치고 전주대에 달려있는 스위치를 올리니 방은 다시 환해, 보는 내가 마음이 뿌듯해졌다.

작업을 마치고 산길을 오르는 길에 얼싸! 달은 휘영청 밝았고, 나를 둘러싼 오묘한 주위배경이 고요한 공간을 흔들어 한 폭의 멋진 그림을 만들어 놓았다.

그림 제목은 '보살의 월담'.

오늘 새벽에는 일찍 눈이 떠졌다. 시계를 보니 두 시를 가리키고 있었다. 나는 바로 일어나지 않고 누워서 공부를 해나갔다. 이렇게 누워서 공부하는 방법을 와선(臥禪)이라고 한다.

염불이 순일하고 또렷하며, 염불사이에 끊임이 없었다. 이런 경지는 한번 더 있었는데, 10년 전에 한번 있었고 지금이 두번째다. 몸은 이불 속에 있지만 마음은 허공에 꽁꽁 묶여 있는 산소와 같았다. 잠깐 잠들었을 사이에도 마찬가지였다.

나에게는 숙제가 하나있다.

'깊은 잠이 들어 꿈과 번뇌 망상이 사라져 버렸을 때 나의 본래모습은 어디에 있는가?'

이것이 내가 마지막 뚫어야 할 숙제이다.

초심

　　　　비가 내린 직후의 새벽 산사의 풍경은 말로 표현하기가 힘들 정도이다.

굳이 말로 표현하자면 원시시대의 때묻지 않고 포장하지 않는 그림의 연속 그리고 고요한 안개의 분신들, 어둠과 밝음이 교차하는 거룩한 시각 산 테두리 영혼의 모습들.

내면의 고요함만이 이곳의 경치를 더욱 돋보여 주는 것만 같았다.

오늘은 새벽 댓바람부터 빨래를 하였다. 그동안 세탁기에 의존해서 해오던 빨래였는데, 물탱크의 물이 말라 버리는 터에 그만 손빨래를 하게 된 것이다.

사실 처음 출가해서는 손으로 빨래도 하고 양말과 속옷을 기어 입었는데, 언제부터인가 모든 걸 세탁기에 맡겨 살아왔다. 그 많은 빨래를 무슨 마음으로 하겠다는 건지 열심히 비누칠을 하고 보니 아뿔싸! 물이 모자랐다. 오후에 계곡에 가서 헹굴 요량으로 한쪽으로 치워놓는다.

초발심시변정각(初發心時便正覺)이라. 처음 부처가 되겠다고 발심한 때의 마음이 깨달음이란 뜻이다. 불도를 이루겠다는 마음을 지속적으로 이끄는 자가 깨달음을 성취할 수 있다. 어떤 선사는 거울을 보며 초심, 초심을 외치며 살았다는 분도 있으니 처음 발심이 그만큼 중요한 것이다.

물 긷고 빨래하는 모든 행동이 부처님의 가르침 속에서 내가 다시 초심을 회복하는 길이 아닌가 생각을 한다.

"뜻있는데 길이 있다"고 하였다. 내가 다시 산중으로 들어온 이유는 나의 부족한 면을 보완하기 위함이고, 또다시 공부에 진취가 있기 때문이다.

옛날 바랑을 짊어지고 전국을 떠돌던 젊은 스님의 한을 풀고 싶어서다.

자기계발

　　서점에서 자기계발서는 인기가 많다. 베스트셀러, 스터디셀러 등 판매 순위1, 2위를 차지하는 경우도 다반사다.

　자신을 계발하여 성공한 인생을 살려고 하는 것은 사람으로서는 당연한 바램인 것이 아닌가. 자신을 계발하는 방법도 수없이 많지만 인간 존중과 인격완성의 자기계발이 바람직하다고 할 수 있다.

　불교적 자기계발 방법은 어떤 것이 있을까? 곰곰이 생각도 해보고 나름대로 열심히 실천해서 본인도 효과를 본 내용들이다.

이 글을 읽는 독자 분들도 자기계발을 통해 삶의 변화를 가져오고 또 자신의 장점은 살려가며, 단점을 보완하는 계기가 되지 않을까 해서 간단한 자기 계발법을 알려주려고 한다.

인간은 남보다 뛰어나게 보이고 싶고, 잘 해보려는 것이 마음 안에 깊숙이 박혀있다.

'말세의 비구들도 자신보다 뛰어난 공덕을 지닌 스님을 보거나 들으면 불같은 것이 일어난다고 하였다.' 그것은 바로 시기와 질투이다.

현대사회는 글로벌시대이다. 이런 세계화 시대에는 자신을 계발하여 노력하지 않는 사람은 성공할 수 없다.

성공한 많은 사람들은 끊임없는 자기계발로 인생의 선두자의 깃발을 항상 들고 다니며, 지금도 그들은 무엇인가를 열심히 하고 있다. 그러면 간략하게 하나씩 짚어가면서 글을 쓰려고 한다.

첫째 공부하라.

인생은 '평생 공부'라는 말이 있듯이 공부하지 않는 사람은 낙후되고 처져있으며 늘 자신감이 없다. 그러기 때문에 공부를 하지 않는 사람들은 자신의 뜻을 적절한 설득력이 아닌 강압적인 표현방법으로 낙찰시킨다.

아는 것이 힘이다. 반면 공부를 하여 입지를 바로 세운 사람은 자신의 주장을 적절하고 알맞은 표현으로 상대방에게 전하며, 긍정적인 대답을 얻어낸다.

자신의 직업분야이든지, 좋아하는 분야의 공부든지, 원하는 것을 공부하라. 한번 공부해 놓은 것은 써먹을 때가 찾아온다.

그룹을 이끄는 회장 등 각 분야에서 뛰어난 업적을 이루었던 사람들은 모두 공부를 무섭게 했다. 밤을 새우며 공부를 했고, 창조의 신화를 만들어낼 수 있는 사유하는 버릇을 들였다고 한다.

공부가 하기 싫고 어려운 것은 습관이 들지 않아서다. 우리의 뇌는 자신이 하고 있는 것은 아무리 어려워도 따르는 습성이 있다고 한다. 그 고비는 3일이다. 공부를 하루에 3시간 이상 하면 공부하는 습관이 들여지고, 공부의 효과가 조금씩 나타난다고 한다. 끊임없이 공부하는 것이 습관을 바꾸는 방법이다.

둘째 수행 정진하라.

공부는 무엇이고, 수행은 무엇인가?

공부와 수행이 같다고 보아도 무방하지만 나의 생각은 공부는 지식을 쌓는 것이고, 수행은 지혜를 기르는 것이다.

지식은 아는 것을 습득하는 것이며, 지혜는 깨달음이다.

지식은 반짝반짝하는 작은 빛이지만 지혜는 항상 밝게 비쳐주는 큰 광명이다. 그렇기 때문에 지혜에서 창조의 힘과 많은 사람들을 먹여 살리는 힘이 나오는 것이다.

요즘 많이 배운 사람들 중에는 우울증 및 정신 장애가 많다. 그것은 지식은 습득했지만 지혜가 자신을 비쳐주지 않기 때문이다.

인격형성은 지식에서 나오는 것이 아니라 삶의 체험과 수행 정진에서 나온다. 자신의 인격이 부드럽고 강하며 자비한 인품을 원한다면 수행하라. 이러한 인격을 자기완성이라 부른다.

참선·염불·기도·절 등 어느 것도 좋다. 그러나 이 중에서 하나만을 선택해 열심히 해야 한다. 그래야 수행의 맛을 볼 수 있고, 지혜의 힘을 얻기 때문이다.

셋째 큰 꿈을 가져라

사람의 마음은 묘한 것이 있다. 그것은 마음먹은 대로 이루어진다는 것이다. 작은 꿈을 가지면 작은 별을 따고, 큰 꿈을 가지면 우주를 가지는 것이 인간의 마음이다.

「의상조사 법성게」에는 이런 말씀이 있다.

우보익생만허공(雨寶益生滿虛空)
중생수기득이익(衆生隨器得利益)
중생에게 이익 되는 보배비가 허공에 가득해도
중생들은 자신의 그릇 따라 이익을 얻네.

보배가 허공에 가득 차도 결국 자신의 그릇모양 만큼 보물을 가져간다. 여기서 그릇이라 하는 것은 마음의 크기와 깊이이다. 크고 깊은 마음에는 나와 남을 이익 되게 하는 수많은 보물들을 담아 가져갈 수 있고, 작고 옹졸한 마음은 이익을 가져가는 것은 적고 다른 사람을 원망하는 마음만 늘어난다.

불교에서는 꿈을 원력이라고 말하기도 한다. 스님들도 불보살과 같은 큰 원력을 가지려고 노력한다.

꿈과 원력은 자신만이 잘 먹고 잘되려고 하는 것은 안 된다. 그것은 작은 꿈이고, 졸장부에 지나지 않는다. 많은 사람들과 나누려고 할 때 크나큰 꿈은 이루어지고 세상은 아름답게 변해간다.

'크고 아름다운 꿈을 꾸어라.'
'그 꿈을 위해 모든 걸 바쳐라, 그리고 기다리는 인내를 배워나가라.'

넷째 선행을 하라

많이 가질수록 가진 만큼 나누어 쓰는 미덕과 기부의 선행이 발달하였다면 우리 사회는 이렇게까지 각박해지지 않을 것이다.

선행이라는 것은 돈의 기부만이 아니다. 따뜻한 말 한마디, 어려움에 처한 이웃에 대한 진심에서 우러나오는 진실한 행동, 할아버지 할머니에 대한 유순한 말과 행동의 실천, 선한 마음에서 우러나오는 말과 행동은 우리를 꽤나 기쁘게 하며, 뿌듯한 표정을 만들어내기도 한다.

'선행은 나의 복을 짓는 행위예술이다.'

선행이 실천될 때 너와 나는 사라지고 밝은 세상은 이루어질 것이다.

다섯째 자비심을 가져라

큰 인물은 남을 배척하지 않고 감싸 안을 수 있는 자세를 가져야 한다.

온화한 마음으로 상대방을 끌어안을 때 만인의 지도자가 될 수 있는 것이다.

자비심은 지도자, 리더의 필수 조건이다. 자비심이 없는 지도자는 진정한 지도자가 될 수 없다. 연민심을 갖출 때 많은 사람들이 모여들며, 결성원들의 화합을 이끌어낼 수 있다.

세상의 나쁜 세력들은 폭력과 억압으로 조직을 다스린다. 그러나 지도자는 계율과 비폭력의 자비심으로 대중을 다스린다. 이제 독재자는 지구에서 더 이상 발붙일 곳이 없다. 자비심이 있는 사람만이 이 지구를 구원할 것이다.

여섯째 좋은 친구를 가져라.

"친구 따라 강남 간다"는 우리나라 속담이 있다. 그만큼 인생에 있어서 친구는 중요한 부분을 장식한다. 스님들도 진정한 도반 한명만 얻을 수 있으면 그중 생활은 성공했다고까지 말한다. 그 만큼 좋은 친구를 만나기 어려운 것이 현실이다.

힘들고 어려울 때 나를 밀어주고 끌어주는 친구, 잘못된 길을 갈 때 잡아줄 수 있는 친구, 편안함을 주는 친구, 위로의 말을 할 수 있는 친구. 그러나 요즘 사람들의 형태는 자신의 이익에 따라 친구를 사귄다. 이익을 얻기에 불필요한 존재라면 헌신짝처럼 버리는 것은 예삿일이 되어버렸다. 좋은 친구를 사귀는 것도 자신이 가지고 있는 복에 달려있다는 생각을 해본다. 진정한 친구가 있을 때 나의 인생은 남보다 한 발짝 앞서 있을 것이다.

이상으로 간단하게 여섯 가지 자기계발방법을 말씀드렸다.

나는 전문적인 자기계발 프로그래머가 아니다. 그래서 내용이 체계적으로 다듬어 지지 않고 거친 부분이 있을 수 있다. 힘들고 어려운 내용이라도 조금씩 하나씩 실천해나가면 하루하루 삶이 뜻 깊고 즐거우며, 힘이 넘쳐나는 자신을 볼 수 있으며, 원하는 상승궤도에 올라탈 것이다.

'성공한 인생에서 중요한 것은 돈과 권력이 아니라 노력하면서 자신을 돌아볼 수 있는 정성과 인내가 필요하다.'

월명리

오늘 아침 공부는 밝고 고요하였다. 마음이 텅 비어 가볍고, 번뇌의 침입자가 끼어들 틈을 주지 않았다.

이러한 상황을 오래오래 지속되어야 공부가 완성되는데…….

엄양 존자가 조주 선사에게 물었다.
'한물건도 가져오지 않을 때 어떻게 해야 합니까?'
조주 선사가 대답했다.
'놓아 버려라.'

엄양 존자가 다시 말했다.

'한물건도 가져오지 않았는데 무엇을 놓아버리라는 것입니까?'

'그렇다면 짊어지고 가거라.'

이 말을 들은 엄양 존자는 크게 깨달았다고 한다.

한물건도 없이 텅 비어 있는 마음, 깨끗한 마음에도 머물지 않고 집착하지 않을 때 우리들의 근본성품이 밝게 드러나는 것이다.

내가 이곳 월명리로 이사를 오는데 사실은 마을에서 환대를 하지 않았다.

절이 들어선다고 민원이 들어와 반대를 하고, 홀대를 받아가면서 이사 준비를 해왔다.

양구읍에서 월명리로 들어서면 오른쪽 길은 파라호로 가는 길이고, 왼쪽 길은 마을회관과 내가 살고 있는 목넘어 계곡이다.

월명리는 한때는 300가구가 넘는 큰 마을이었으나 북한의 김신조가 넘어오는 통에 산에 살고 있는 화전민을 내보내는

것으로 마을은 작아졌으며 낙후된 오지로 알려져 있다. 마을 사람들은 순수하고 선하며 개인주의적 성향이 강한 것처럼 보였다.

우여곡절을 겪으면서 이곳으로 이사를 왔고, 어떤 날은 울분을 토해내기도 하였다. 지금은 안정을 되찾았고 마을 분들과 친해지려고 노력을 하는 중이다.

요 며칠 새 세 들어 사는 산새가 외롭게 혼자 지내더니만 어디서 색시를 새로 데러왔는지 지져기는 것이 힘차다. 먹이를 물고 엉덩이를 올렸다 내렸다 하면서 신이 나는지 가끔 창쪽으로 놀러오곤 한다.

가풍(家風)

아침부터 몸은 지쳐있었고, 마음은 힘들었던 예전 일들이 주마등처럼 떠올랐다. 쉬엄쉬엄 해나가야 되는데, 물 긷고, 빨래하고, 청소하며 도량을 관리하니 몸에 무리가 찾아온 것이다.

나는 기도정진에 들어가면 몸살을 앓는 경우가 종종 있다. 몸살을 앓고 나면 새로운 힘을 얻기도 하는데, 지금은 바쁘게 움직이니 몸살이 들어올 겨를이 없는 것 같다.

정진은 하루에 네 번으로 나누어한다.

새벽, 아침, 저녁은 목탁을 치며 기도하고, 오후에는 좌선을 한다. 기도를 하거나 좌선을 하더라도 공부의 내용은 같다. 가끔씩 바깥일을 보러나가는데 그때는 좌선시간을 1시간 당겨서 정진하며 시간을 엄수하려고 애를 쓴다.

혼자서 이 일, 저 일을 하면서 바쁜 와중에도 마음을 살피는 것이 공부의 핵심인 것 같다.

처음 수행정진을 하시는 분들 중에는 홀로 산속으로 들어가 정진하시는데 나는 그 방법을 권하지 않는다. 처음에는 대중 속에서 공부를 지어가야 바른 힘, 바른길을 갈 수 있다.

'산속의 무료함을 무엇으로 달랠 것인가.'

나의 기도방법은 온몸과 온마음을 써서 정진하는 것이다.

한 호흡에 불보살의 명호를 뿜어내고 삼키는 '일식탄법(一息呑法)'을 쓰고, 마음으로는 명호를 관하는 '심불관법(心佛觀法)'을 쓴다. 그러면 눈으로도 불보살님의 명호를 선명하게 볼 수 있고, 마음에는 항상 환희심이 넘쳐난다. 일식탄법은 염불을 하는 도중에 잡념이 생기지 않는 좋은 방법이다.

그리고 호흡을 하는 중간에 염불이 끊어지는 것을 막기 위해 '무음염불(無音念佛 : 입만 벌려서 하는 염불)'방법을 쓴다. 염불을 하면서 호흡을 하기 때문에 염불이 끊어지지 않고 이어져갈 수 있다.

심불관법은 기도와 선을 병행하는 수행이다. 무엇을 바라는 기도가 아니라, 진리와 깨달음을 위해 염불을 하고, 마음 부처를 보기 위해, 생각과 마음에서 우러나오는 방법이다.

나의 목탁소리를 어떤 보살은 달통 했다고 한다. 목탁은 너무 빠르지도, 느리지도 않게 힘차고 규칙적이며 전진하는 느낌을 주며, 밝은 목탁소리와 염불소리를 우주법계에 퍼지도록 하는 것이다.

점심시간에는 초보부부 불자님이 찾아오셔서 법당 예절을 알려주고, 차를 마시며 이야기를 나누었다.

오늘은 무척 더운 날씨이다. 방안에 앉아있어도 땀이 흘러내린다.

만족

아침 공양 후 산책을 나섰다. 방안에만 있으니 몸도 풀리지 않고 처져있어서 한번 마음을 먹은 것이다.

목적지는 우편함. 집배원 아저씨는 산 안쪽으로는 들어오지 않으시고, 계곡으로 들어오는 입구에 매달아 놓은 우편함에 편지를 넣고 간다.

겸사겸사해서 그쪽으로 발길을 맞추는 것이다.

오른손에는 지팡이를 짚고, 왼손에는 염주를 잡았다. 자못 큰스님 티가 나는 것 같다. 하나 둘 셋! 힘차게 한걸음 한걸음을 내딛는다. 조금 내려가니 아침7시인데도 햇살이 따갑게 느껴졌다. 모자를 쓰고 나올 걸….

  맑은 공기를 마시며 한참 길을 따라 내려가니 산길 옆에 빨갛게 잘 익은 산딸기가 보였다. 주위의 시선을 모두 앗아간 도도하고 아름다운 산딸기 모양과 색깔, 언제부터인가 나는 빨간색을 좋아하는 것 같다. 나의 손은 주저없이 산딸기의 몸을 휘어잡아 끌어올리고는 곧바로 입으로 집어넣는다.
아이~ 셔!
입은 감식초를 먹은 것처럼 시고 달콤했다.
우체통에는 불교신문과 각종 고지서가 들어있었다. 우편물을 주머니에 집어넣고 힘차게 염불을 하면서 집으로 돌아오고 있는 중이다. 얼마 안 가서 논둑에 피어난 씀바귀 싹을 뜯는다. 오늘 점심공양 메뉴는 이걸로 해결이 된 셈이다. 계곡 아래로 내려가 씀바귀를 씻는다.

  사람들은 자연에서 많은 것을 얻어 가는데, 나는 자연에게 무엇을 해줬을까 하는 생각을 해보았다. 인간은 만물의 영장을 내세워 많은 것을 빼앗아온 이기적인 생물이다. 받기만 하고 주지 않는 것은 자연에 대한 인간의 배신인 셈이다.

  좌선시간 내내 눈앞에서 들리는 것처럼 포클레인이 땅 파는 소리, 덤프트럭이 돌을 붇는 소리가 귀가 시리도록 아프게 했다. 이런 곳에서 불평불만의 마음이 생기지 않도록 정진에 애를 쓴다.

수행자의 눈

　　　수행자의 눈을 벽안(碧眼)이라 부른다.

'푸른 눈' 즉 정신이 살아있는 눈을 말하며, 깨끗하고 밝은 마음 상태를 나타낸다.

한때는 달라이라마 존자의 눈을 사진으로 보여주며 수행과 눈의 연관성을 말하며 존자의 뛰어난 눈 속을 칭찬을 하기도 하였다.

지금은 입적하신 해인사 큰스님은 불이 뿜어져 나올 것만 같은 당신의 눈으로 다른 스님의 눈을 들여다보며, 공부의 진행을 알아 지도해 주었다고 하니 눈은 수행자에게 있어서

숨길 수 없는 수행의 징표인 것 같다.

만화에 나오는 주인공들의 눈은 하나같이 맑고 강한 눈을 가졌고, 물질에 오염되지 않은 지역 어린아이의 눈은 티없이 맑고 깨끗하다. 또 왕방울만한 새까만 눈동자가 보는 이로 하여금 깊숙이 빠져들게 만든다.

어릴 적 해맑던 눈은 어디로 갔는가.

눈을 마음의 창이라고 말하지만 나는 '눈은 마음의 안방이라고 말하고 싶다.'

안방에는 주인이 살고 있고, 그곳에는 중요하고 필요한 귀중품들을 많이 쌓아 놓고 있으며, 주인이 무엇을 위해 살고 있는지 훤히 알아볼 수 있는 곳이다. 우리가 어떻게 살아왔는지 눈동자는 많은 것들을 모아두었을 것이고, 침묵으로 과거의 일들을 표현하고 있는 것이다.

나는 가끔 거울을 들여다보며 얼굴을 살피고, 눈동자를 들여다본다. 지금 나의 얼굴이 어떤 상태를 나타내고 있는지, 탐욕에 찌든 얼굴인지 수행자의 얼굴인지 말이다. 어느 날은 실망스럽고, 어떤 날은 '참 잘생긴 스님이구나!' 하고 흐뭇한 웃음을 짓기도 한다.

그 다음은 눈이다. 눈에 관해선 내 자신도 잘 모르므로 신도들의 말을 빌리기로 하자. 보살님들은 나의 눈을 보고 꿰뚫어 보는 눈이라고 하면서 처음 만나서는 무서워한다. 어떨 때는 등골이 오싹 하다고 하니 참….

나의 눈에 관해서 두 편의 꿈을 꾸었다.

첫번째는 노스님과 목욕탕에 앉아 함께 몸을 담구고 있는데 나의 눈을 보시고는 깜짝 놀라 벌떡 일어난 꿈.

두번째는 어제 꾼 꿈인데, 까만 눈동자가 대부분을 차지한 위엄 있고, 자비한 노스님의 눈동자이다. 나는 그 노스님 옆에 무릎을 꿇고 단정히 앉아있었는데, 잡념은 사라지고 편안한 마음을 느꼈다.

옆에 같이 있던 대중들이 노스님과 나의 눈동자가 같다고 말하며, 나를 '달 존자'라고 불렀다.

확인

      이곳의 산짐승들이 쉽게 눈에 띄는 것은 그리 많지 않다. 다람쥐, 고라니, 산새들이 보이고 까마귀는 쉽게 볼 수 있다.

  다람쥐는 순해서 사람을 봐도 도망가지 않고 빤히 쳐다만 본다. 설악산 오세암의 활동적인 다람쥐와는 다른 느낌을 준다. 고라니는 요즘 농작물에 큰 피해를 주지만 귀여운 모습이 더욱 인상적이다.

  조계사에서 포살법회를 마치고, 굵고 끊임없는 빗줄기가 쏟아지는 밤중에 마을로 들어오는 길목에서 고라니와 마주

쳤다. 그놈도 놀랐는지 도망가지 않고 나에게로 달려오는 것이 아닌가. 어찌지 당황해서 차를 세우자 놀란 고라니가 숲 속으로 뛰어 들어간 일도 있었다.

지금 목넘어 계곡에서 많이 볼 수 있는 것은 나비이다. 이른 아침엔 하얀 나비들이 나무주위를 살랑 살랑 날아다니면서, 산 전체에 흰 별빛을 수놓은 것처럼 장관을 만들어 놓는다.

낮에는 호랑나비, 노랑나비, 제비나비들이 사뿐 사뿐 잘도 날아다닌다.

오후에는 은행일을 보았고, 잠시 쉬었다 물을 기르기 위해 자동차에 시동을 걸었다.

부르릉~ 어라! 시동이 안 걸리는 것이다. 조금 전까지만 하더라도 운전을 했었는데….

할 수없이 바랑 안에 바가지와 작은 물통들을 넣고, 양손에는 큰 물통을 들고 계곡으로 내려갔다. 바가지로 물을 뜨면서 '부처님이 나의 도를 구하는 마음을 시험하는구나!' 하는 생각이 들었다.

'죽이든 살리든 마음대로 하십시오. 나는 여기서 못 내려 갑니다.'

부처님을 향한 나의 각오였다.

신라시대의 구정(九鼎)스님은 솥을 걸고 허물어 다시 걸기를 무려 아홉 번 만에 스승에게서 도를 구하는 마음을 인정을 받았다.

나는 어느 때 부처님에게 도를 구하는 마음을 인정받을 것인가.

회상

　　　　까마귀 한 쌍이 나무에 앉아 날갯짓을 하며 사랑을 나누고 있다.

따 악, 꽉 꽉~!

얼마나 괴성을 지르는지 귀가 떨어져 나갈 것처럼 시끄러웠다. 사랑을 나누려면 아름다운 소리와 모습으로 표현을 한다면 보기도 좋고 듣기도 좋을 텐데 말이야. 원초적 본능에만 충실한 것이 진짜 사랑일까?

나는 까마귀와 오래전에 묘한 사연이 있었다.

설악산 백담사에서 하룻밤을 묵고 이른 아침 봉정암을 향해 길을 걸었다. 그 당시에 몸은 허약했었고, 기어 올라가다시피 한 봉정암길 산행은 점점 지쳐 힘들었고 계곡물을 마시며 한발 한발 지친 걸음을 옮겼으나 그만 탈진해버린 안타까운 사연.

내려가지도 못하고 올라가지도 못하는 중간지점에서 몸을 못 가눌 정도로 심하게 탈진해버린 나는 앞에 보이는 소나무 그늘에 누워있었다.

어디서 까마귀 한 마리가 날아와서는 나를 목숨이 거의 빠진 먹이로 보이는지 이 나무 저 나무를 왔다 갔다 하면서 까악~ 까악~!

'참으로 그 기분 더러웠지!'

죽을 힘을 다해 다시 기어 올라갔고, 때 마침 거사님 한 분이 올라오시는 중이었다.

'배가 고프니 먹을 것 있으면 조금 나눠주십시오.'

거사님은 가지고 있던 식빵 두 쪽을 주고 가던 길을 다시 올라갔다.

식빵과 물을 먹고 힘을 되찾아 천천히 봉정암에 올라갔던 슬픈 일이 있었다.

'거사님 고맙습니다. 거사님의 은혜 어떻게 갚겠습니까.'

포행을 마치고 절에 올라오자마자 나도 모르게 눈물이 울컥 쏟아져 나왔다.

서러움의 눈물인가. 환희심의 눈물인가.

관세음보살님! 저는 당신을 떠나지 않고 세세생생 같이 할 것입니다.

좌선시간에는 생각 나지 않았던 지나간 허물들이 떠올랐다. 초심 때에는 그런 번뇌에 화들짝 놀라기도 했다. 그러나 지금은 지나간 일들을 무심히 비추어보고 있었다.

처음 출가해서는 누구나 그렇듯이 나는 수행과 계율에 철저했다. 어떤 스님은 나를 보고 고개를 절레절레 흔들었을 정도였으니까.

그 당시에는 수행경지도 또래의 스님들보다 한 수 위였다. 나의 내면에는 이런 독사 같은 우월감이 도사리고 있었는지도 모르겠다. 그러나 지금은 그런 것들이 무너진 지 오래되었다. 그래서 기쁘고 행복하다.

근기(根機)

처음 불교에 입문하면서 근기에 대한 단어가 잘 이해가 되지 않았다.

상근기(上根機)·대근기(大根機)·중근기(中根機)·하근기(下根機)!

상근기와 대근기들은 말하는 찰나에 알아들어 깨달음을 얻고, 그밖의 중근기와 하근기는 열심히 수행 정진해야 깨달음을 얻는다. 상근기와 대근기는 근기가 뛰어난 사람들이고, 중근기와 하근기는 근기가 떨어지는 사람들이다.

근기란 중생들의 마음상태가 모두 틀리듯이 저마다 가지

고 있는 능력과 종교적인 소질이 다르다고 할 수 있다. 부처님의 말씀이나 마음을 어느 만큼이나 자신의 것으로 만들고 소화시킬 수 있는 집중의 힘 또는 정신적 소질을 말하며 각자의 마음에 잠재되어 있는 능력을 말한다.

그래서 근기가 약한 사람들은 수행에 있어서도 그 힘이 약하여 정진하다가도 중간에 도중하차 하는 엉뚱한 일이 생기기도 한다. 작심삼일(作心三日)이란 말은 하근기를 두고 하는 말이다.

반면 근기가 뛰어난 사람들은 자신이 가지고 있는 힘과 종교적 능력이 특출하고 그 힘을 자기화하며, 항상 자신감이 차있는 사람들이다. 일취월장(日就月將)은 대근기에 어울리는 단어이다.

수행에 있어서도 집중력이 강하고 용맹정진을 원하는 만큼 이루어내며, 용맹정진을 바로 깨달음으로 만들어낸다. 그 대표적인 분이 석가모니부처님이시다.

성불의 발심은 미륵보살보다 나중에 하였지만 대 용맹정진을 일으켜 마침내 미륵보살보다 9겁을 앞서서 부처님이 되셨으니, 인간으로서는 상상할 수 없는 상근기이다.

스승들도 근기가 뛰어난 사람을 제자로 삼으려고 하는 것은 인지상정이다. 그러나 하근기들은 너무 걱정하지 말라. 자신의 근기를 끌어올리는 방법이 여기에 있다.

'그것은 바로 기도정진이다. 모든 것을 이루고 만들어내는 기도!'

불보살님의 본원력과 자신의 끊임없는 노력과 꾸준한 정진으로 하근기인 자신이 환골탈태하여 모든 법을 끌어들일 수 있는 대근기로 다시 태어날 그날까지 부디 열심히 하기 바란다.

인과

적막한 아침이 이어져갔다. 뜨거운 햇살만이 자신을 힘차게 드러내었고, 구름 한 점 없는 하늘은 고요한 산에 불을 지피는 격이 되었다.

나에게 기쁨을 주는 건 세 들어 사는 산새부부이다.

요즘에는 허물없이 집 앞 마당과 뒤뜰에서 마음껏 놀고 있다. 그러다가 갑자기 공중제비를 돌면서 파리나 작은 곤충을 잡는데 그 솜씨가 기가 막히다. 그런 후 자랑을 하듯이 연신 노란엉덩이를 들었다 났다 하며 자신들의 정통 춤을 춘다.

요 며칠 새 무척이나 덥다. 그러나 산중더위는 가끔씩 재미를 보기도 한다. 산 어디에선가 불어오는 바람은 공부를 잠시 잊은 수행자에게 신선한 힘을 불어넣어 준다.

인과는 불교에서 기초적인 교리이면서 오묘한 힘을 가진 무시할 수 없는 자연과 우주의 참다운 진리이다. 다른 사람을 업신여기거나 상처를 주면 자신에게 다시 돌아오는 부메랑 같은 속성, 상처를 받은 사람은 마음속에 못이 박혀, 잘 빠지지 않는 그 못을 온 힘을 다해 빼며 원망과 복수의 칼을 갈면서 다음날을 기다리지만 쳇바퀴 돌듯 돌고 도는 인생.

용서와 화해는 악인악과(惡因惡果)를 푸는 좋은 열쇠이지만 그전에 상대방에게 상처의 못을 박지 않는 것이 최우선인 것 같다.

부처님께서 말씀하지 않았던가.
'남에게 잘 해주려고 하지 말고, 서로 원수 짓지 말라고.'

게으름

산책을 다녀온 후 샤워를 했다. 그리고 점심에 먹을 된장국을 끓여놓는다. 그다음 박스에 넣어둔 여름에 입을 옷을 꺼내 놓았다. 지금은 여름이지만 여태까지 두꺼운 봄옷을 입고 살고 있었다.

옷장 서랍 안에 여름옷을 집어넣고 나니 상수도 공사 하는 분들이 오셨다. 집 앞 정화조 배수 물을 계곡으로 빠지지 않게 잡아주는 작업을 하기 위해서다.

점심공양 후 날씨가 더워서인지 집중력이 현저히 떨어지더니만 좌선시간에 까지 이어져 갔다. 염불이나 화두가 잘될 때 잠깐 염불이나 화두를 잊어버리거나 바깥대상에 마음을 두면 잡념이 치열해지는데, 내가 그러한 경우이다.

이러할 때에도 공부를 잡고 꾸준히 가다보면 어느 순간 다시 또렷해지는 것이니, 중간에 공부를 그만두는 것이 문제이다. 어제는 전진하고 오늘은 물러나니, 어느 세월에 공부를 이룰 것인가?

옛사람 공부할 때 잠 오는 것 성화하여 다리 뻗고 울었거늘, 나는 이리 게으름을 피우는가.

사자

하늘에 먹구름이 잔뜩 끼여 주위가 침울한 것이 뿔난 깍쟁이 아줌마 마음 같았다. 이 기회에 많은 비가 내리면 좋겠다고 하는 간절한 바램을 가져본다.

뜨거운 날씨에 서로 논에 물을 대려고 하는 마을주민들. 밭작물도 하늘을 쳐다보며 비가 얼른 내려주기만을 바라는 눈치가 역력하다.

보름이상 물이 끊겼으니 집안 꼴도 엉망이다.

상수도 공사도 막바지에 접어드는 것 같고, 포클레인소리, 자동차소리, 잡소리 뿌연 먼지들도 이젠 사라지고 고요한 산속에서 홀로 정진하는 한 마리 배고픈 사자가 되어 힘겨운 싸움을 하고 싶다. 나에게 주어진 어려운 여건들, 옛날부터 쳐 놓았던 커다란 울타리의 벽을 무너뜨려버리고, 정상에 올라서서 빨간 깃발을 힘차게 내리꽂을 것이다.

시동이 안 걸렸던 자동차를 고치러 긴급서비스를 호출했다.

서비스 맨도 이곳저곳을 살피더니만 결국 견인차를 끌고 왔다. 서비스맨은 불자였는데, 어려서부터 절에서 산 경험담을 이야기해줬다. 그런 저런 이야기를 나누는 사이 어느덧 정비소에 차를 내리고 서비스맨은 인사를 하고 사라졌다.

자동차가 노후 돼서 그런지 여기저기 부품을 바꾸자 드디어 시동이 걸렸다.

오늘 저녁기도는 큰 힘이 들지 않았다. 목탁을 치면서 큰 소리로 몇 시간씩 염불을 하는 것은 많은 체력이 요구되는 것이다.

한참 목탁을 치는데 "계세요?" 하는 큰소리가 울려 퍼졌다. 그전 같아서는 기도를 방해하는 상황에 미운 마음이 일어났는데 이젠 그런 것도 없다.

문을 열어보니 펠릿보일러 시공자였다. 정부 보조금을 받기위해 보일러사진을 찍고 도장을 받으러 온 것이다.

아니 아홉시가 넘은 한밤중 그것도 비가 내리는 밤에, 방안에서 도장을 찍어주는데 술 냄새와 마늘 냄새가 지독하게 풍겼다. 참 무례한 사람들이구나!

한술 더 떠 그들은 나방을 방안 가득히 채워주고 유유히 사라졌다.

소원성취

아침엔 다림질을 했다. 내가 출가할 때만 하더라도 여름에 겨울 솜 누비를 입고 이 절, 저 절 다니는 스님들이 쉽게 눈에 띄곤 하였다.

수염과 머리를 기르고 씻지 않아 냄새를 주위에 풍기며, 주장자를 들고 전국을 유유자적하던 스님을 '전국구 도인'이라고 부르기도 하였지만, 요즘 그러고 다니다간 문전박대 당하기 십상이다. 세상은 깔끔하고 박학다식한 스님들을 바라고 있는 것이다.

옷을 다리면서 뜨거운 하늘을 쳐다보며 '비를 내려 주세

요!' 하고 푸념을 했다. '가랑비 말고 굵은 빗방울을 뿌려 주십시오.'

신기하게도 잠시 후 나의 말을 알아들었는지 제법 굵직한 시원한 비가 뿌려졌다. '이 정도로 하루 종일 비가 오면 물탱크에 물이 차겠는데…' 하면서 세숫대야 두 개를 얼른 밖으로 내다 놓았다. 허드렛물을 쓰려고 빗물을 받고 있는 중이다.

만세! 오늘따라 비 보살님이 참 고맙고 예뻐 보인다. 몇 시간이 지나자 수도에 물이 콸콸 쏟아져 나왔다. 뛸 듯이 기쁘고 즐거운 하루였다. 빨래도 마음껏 하고 볼일도 편히 볼 수 있으니 이 세상에 이것처럼 좋은 일이 어디 있는가.

고맙습니다.

아직은 수도꼭지에서 흙탕물이 나오지만 그래도 마음만은 든든하다.

함께 산다는 것

나는 미혼자여서 부부생활에 대해선 잘 모른다. 그러나 함께하는 부부를 바라보면 어느 정도는 짐작이 가는 것 같기도 하다.

스님들끼리 간혹 농담 삼아 이런 말을 나눈 적도 있다.

비구스님은 "까다로운 여자와 어떻게 함께 오랫동안 같이 살 수 있을까. 결혼해서 사는 사람들은 대근기야 대근기."

또 비구니스님들은 "어떻게 삼시 세 때 밥 차려주고, 어려운 살림을 꾸려나가지? 나는 못해." 하는 우스운 소리도 하기도 한다.

결혼해서 처음 몇 년 동안은 서로의 성격을 맞추느라고 티격태격 하는 것은 다반사일테고, 장점보다는 약점이 더 크게 보이는 동반자와 함께 사는 것은 사랑이 있어 서로를 그리워하기 때문일지도 모른다.

사실은 스님들도 결혼생활을 한다. 부부들은 남녀가 짝을 지어 살지만 스님들은 이성이 아닌 동성들이 무리를 지어 함께 잠자고, 공부하고, 여가생활을 하며 살아간다. 이렇게 사는 방식을 대중생활이라 말한다. 물론 이곳에서도 좋은 일만 일어나지 않는다. 때로는 자신의 단점을 호되게 질책하기도 하고, 독자적인 행동으로 대중에게 피해를 입히면 대중공사를 통해 징계를 내리기도 한다.

이런 대중생활을 하면서 스님들은 자신의 마음을 이리 깎이고, 저리 깎기면서 마음이 둥글둥글해진다. 그 둥그러진 마음은 여기 갖다놔도 잘 맞고, 저리 갖다놔도 잘 맞는 친화적 인간이 되어 대중생활을 잘하며 대중통솔도 잘한다.

우리가 살아가고 있는 사회도 이런 사람 저런 인간과 살아가면서 내가 하면 로맨스고 사랑이요, 남이 하는 불륜이라는 자기중심적인 사고와 개똥 같은 철학에서 벗어나 너와 나를 하나로 보는 진화된 인간으로 성숙해나가는 것이 바람직하지 않을까.

  그러기 위해서는 자신의 내면을 완성시키고, 꼭 필요한 멋스런 조롱박이 되어, 조롱박으로 달콤하고 시원한 물을 담아 목마른 이를 다독거려준다면 좀 더 나은 세상이 펼쳐지지 않을까.

  결국 함께 산다는 것은 자신을 성숙한 마음으로 만들어가는 일에 동참하는 것이다.

인연

어제 비가 많이 내렸다. 비가 오는 것이 무서울 정도로 퍼부었다.

나는 떡 본 김에 제사 지낸다고, 그동안 못했던 빨래며 구석구석을 말끔히 청소를 했다.

옛날 남해 보리암 근처 절벽 위에 움막을 치고 기도 정진하던 노스님. 기도할 때는 힘을 짝 뺏어가기도 하고, 어떤 때는 엄청 주신다며 "열심히 해라. 부지런히 염주 돌리라"며 나를 지도해주셨던 분. 호리호리하고 눈썹 짙은 새까만 눈은 대도인의 형상과 비슷했었지. 경전과 글은 잘 몰라도 기도에 통달하셔서서 천안통이 열리셨던 노스님. 성격은 불같아서 대중과 떨어져 지내셨지.

몇 년 전 보리암에 참배하러 갔을 때 돌아가셨다는 소리를 들었지. 허무한 마음으로 단숨에 움막이 있던 곳에 가보니 움막은 사라지고 풀만 무성하게 자란 공허한 그 자리에 노스님께서 나타나시어 하신 말씀…

"그래! 열심히 하거라."

"예!"

하는 대답소리에 그의 모습은 곧 사라져버리고 쪽빛 망망대해를 바라보며 나는 눈시울을 붉혔다.

점심공양 후 비가 그쳤다. 이번 장마는 7월초까지 갈 것 같다. 계곡물은 넘쳐나고 길은 여기저기 망가져 있었다. 비단 개구리들만이 자기 세상을 만난 듯 산 구석구석에 자리를 잡고 있었다. 이 개구리의 특징 중 한 가지는 한가할 때는 배를 땅에 깔고 네 다리를 뻗어 죽어있는 모습을 하고 있는 것이다. 죽었나 하고 툭 쳐보면 얼른 달아나버리며 나를 놀리곤 한다.

시골인심은 그냥 보내는 법이 없다. 산책을 하고 돌아오는 길에 할아버지 할머니께서 안에 들어가서 뭐라도 먹고 가라고 붙잡는다. 어쩔 수없이 수박 몇 조각을 먹고 올라왔다.

웃는 얼굴

　　　　　웃는 얼굴에 침 못 뱉는다는 우리 속담이 있다. 해 맑게 웃는 모습은 성(聖)스러운 느낌마저 들기도 한다. 갓난아이들의 천진난만하게 웃는 얼굴에 누가 돌을 던질 것인가.

웃음은 마음의 병을 치료하는 의사이며, 만복(萬福)을 불러들이는 귀한 일이다. 그렇기 때문에 항상 얼굴에 미소를 잊지 말기를 당부한다.

눈물을 신이 우리에게 준 선물이라면, 웃음은 자신의 본성에서 흘러나오는 꽃처럼 아름다운 보물이다. 그러나 너무 헤프게 웃으면 오해마저도 불러일으키는 웃음. 그래도 좋다. 늘 웃는 얼굴을 띠우는 자가 성공한 사람이며 자비스러운 인물이다.

주왕암에서 정진할 때였다.

젊은 아가씨 한 명이 찾아와 하룻밤 묵어가기를 청한다. 객방 하나를 내주었다. 다음날 아침 얼굴을 대면했을 때 마당에서 이상하고 요상한 웃음을 지었던 아가씨보살. 나는 놀랬고 그 일을 까맣게 잊어버리고 지냈었다.

뒷날 깨달은 아가씨의 웃음. 그것은 관세음보살님의 화현이요, 나의 공부할 곳을 살피고 격려하러온 보살의 배려였다.

사람들은 웃는 얼굴로 마주할 때 마음을 연다. 거짓되지 않은 진실한 마음으로 웃음을 선사할 때 100프로의 힘을 발휘할 수 있을 것이다.

현대인들은 웃는 것에 인색하다. 찡그린 얼굴, 굳은 얼굴, 불만이 가득한 얼굴, 분노의 얼굴들이 대부분을 차지한다.

한 공부클럽에서 있었던 일이다. 나는 그 비구니스님의 웃는 얼굴을 본 적이 없었다. 우연한 기회에 활짝 웃는 모습을 보았는데, 그 웃는 얼굴이 이상할 만치 거북스러웠다. 늘 미소를 머금었다면 찡그린 얼굴도 예뻐 보였을 텐데….

'웃는 얼굴은 너와 나의 행복을 가져다 준다.'
지금부터 거울을 보며 웃는 연습을 해야 할 것 같다.

행복 2

요즘 자주 물어오는 질문이 있다.
"이 산속에서 혼자 무얼 하십니까?"
"무섭지는 안나요?"
하고 물어보곤 한다.

젊은 사람이 산속에 틀어박혀서 잘 나오지도 않으니 궁금할 것도 같다. 바깥세상의 삶의 방식으로 견주어본다면 이곳 오지에서 버티기 어려울 것이다.

여기는 TV, 인터넷도 없는 '나 홀로' 집이다. 스님이니까 공부하면서 산속에서 혼자 살아갈 수 있는 것이다.

깊은 산속에서 홀로 정진하던 한 스님에게 사람이 찾아와서 물었다.

"이렇게 깊은 산속에서 무엇을 하고 계십니까?"

스님이 대답하였다.

"나의 얼굴을 보고 느낀 점이 없다면 말을 해줄 수가 없습니다."

그 스님의 얼굴에는 깊은 산속에서 혼자 살아가고 있는 대답이 담겨져 묻어나오고 있다. 그것은 행복이다. 거짓으로 꾸며진 요술 같은 세상을 뒤로하고, 영원한 행복을 위해 홀로 길을 걷고 있는 것이다.

점심공양 후 손님이 찾아오셨다. 내일부터 태풍이 온다고 밭작물과 집을 살피려온 인천 부부였다.

절에는 처음이라기에 절하는 법을 알려줬고, 차를 마시면서 이야기를 나누었다. 그전에는 이곳에 다람쥐와 까마귀가 많았는데, 지금은 많이 보이지 않는 다는 얘기를 하며, '목넘어 계곡'의 뜻이 계곡을 따라 해가 넘어가는 길목이기에 목넘어 계곡이라는 사연을 알려주셨다.

금강경

어제 저녁기도 중 나는 세상에도 없는 훌륭한 진리를 만들어냈다. 그 진리로 설법을 하여 중생을 제도하고, 모든 사람들이 깨달음을 얻는 세계가 펼쳐진 그곳에서 나는 미륵부처님이 되어있었다.

그러나 뛰어나게 훌륭한 진리를 세우고, 우주를 만들어내는 신통변화를 일으켜도 그것은 법의 집착에 갇혀 있는 것이며, 망상인 것이다.

『금강경』의 요지는 나(我)와 법(法)의 집착을 금강과 같이 강하고 날카로운 지혜로 부수어버리고, 나도 텅 비고 법의 집착심에서 벗어난 뒤에야 지혜를 완성하여 걸림이 없는 삶을 살아간다고 하였다. 즉 안과 밖의 대상을 모두 놓아버려야 참다운 지혜를 얻을 수 있는 것이다.

그렇기 때문에 화두 공부면 화두, 염불이면 염불로 오직 화두 생각만 하고 삼매가 눈앞에 나타날 때까지 한곳으로만 집중해야 한다.

점심에는 오랜만에 맛있는 미역국을 끓여먹었다. 물에 뿔린 미역을 냄비에 넣어 끓이다가 참기름을 조금 넣고 소금으로 간을 한 다음 1분간 더 끓여서 먹는 나의 보양식이다. 반찬은 고추장 한 종지 이런 것도 감지덕지 맛있게 잘 먹는다.

요 며칠간 비가 끝없이 쏟아 내렸다. 비가 내려서 **빡빡한** 일상에 윤활유 치듯 모든 것들이 잘 돌아가는 세상은 좋지만, 물난리가 나서 여기저기 아우성치며 고통 속에서 헤매는 세상은 보기 싫다.

이곳의 산들은 큰 산은 아니지만 스위스에 있는 알프스 산 같은 느낌마저 준다. 비가 온 뒤에는 항상 띠구름과 안개를 가지고 포장하는 행사를 치르고 있다.

환생

　　같은 집에서 사는 산새들은 요즘 살이 올라 몸이 통통하다. 처음 봤을 때는 마른 몸매에 날렵하다는 느낌을 던져주었다. 그런데 자세히 살펴보니 요놈들이 동이 틀 무렵에 창문에 붙어있는 나방들을 잡아먹고 있는 것이 아닌가.

'이 놈들! 살생을 하면 안 된다.'

'저희들도 먹고 살려고 이러는 거예요.'

　우리들은 이 사바세계에서 알게 모르게 허물을 만들고 죄를 지어가며 살아가고 있다. 지나친 욕심으로 인하여 뱀으로 환생한 스님이 지난날의 잘못을 참회하기 위하여, 절에서 나오는 목탁소리를 들으며 이슬만 먹고 살다 죽어서 극락세계에 태어난 이야기.

'참회 없이 사는 인생은 끝이 없는 구렁텅이에 스스로 몸을 던지는 자살 같은 삶의 방식이 아닐까.'

아침에 나는 지금까지 살아온 인생을 감상하였다. 죽을 즈음에 잠깐 보여준다는 인생 파노라마. 잘한 것보다는 잘못한 것이 많은 나의 인생. 잘못을 인정하기 싫었던 철모르던 어린 청년, 그런 청년이 출가해서 참회기도를 통해 다시 만들어가는 인생. 처음부터 관음기도의 길을 걸었던 수행자. 전생에 수행한 인연이 있었던지 당연히 관음염불을 선택했던 젊은 청년의 한스러움.

대중들의 시기와 질투 그리고 괴롭힘에 몸서리치며 새벽에 바랑을 쌓던 시절. 그런 고난을 이겨내고 홀로 나의 길을 걸어간다. 이제는 혼자만이 아닌, 너와 나 우리들 모두와 같이 고난과 고통을 벗어버리고 해탈의 세계로 나아가고 싶다.

'오늘 본 파노라마는 뭘까?'
'그래 한번 죽었다 다시 살아가라는 관세음보살님의 가피

이지!'

 벗길수록 더욱 하얗고 예쁘게 변하는 양파처럼 자신의 허물을 벗기고 벗겨 자유로이 세상을 나는 불사조가 돼야지.

태양

　　　　오랜만에 아침산책에 나섰다. 비가 그친 산색은 맑고 산뜻한 그 자체였다.

　마당을 나서는데 주위의 새들이 나보다 더욱 신이 나서 쩍쩍 거리며 나를 맴돌고 앞장을 서며 환영인사를 해주었다.

　'안녕!' 하고 인사를 하자.

　'안녕하세요!' 라고 화답을 주었다.

　아랫집 할아버지가 일찍 나와 빗물에 파헤쳐진 집 주위를 손을 보신다. 간단한 아침인사를 나누고 가던 길을 다시 걸어간다.

 산책을 마치고 돌아오는 길에 둑 언저리에 깨끗하게 올라와 있는 푸성귀를 한 움큼 뜯었다. 시골은 이래서 좋다. 나물만 알고 있으면 어디선지 먹을 것을 구할 수 있기 때문이다.

 우리 고향집 앞 텃밭에는 비듬나물이 많이 자랐었다. 식사 때가 되면 어머니가 비듬나물을 뜯어 살짝 데친 후 고추장과 참기름으로 버무려서 먹었던 물렁하고 연한 풋내 나는 나물. 그 텃밭에 지금은 비듬나물은 없어지고 잡초만이 무성한 반쪽그늘. 그 많던 비듬나물은 어디에 가있는 걸까.

 기다리던 태양이 드디어 둥그런 얼굴을 내밀었다. 태양이 일어나자 주변은 힘차게 살아나고 있었다. 독보적으로 퍼져나가는 햇살이 부처님의 분신이 되어 사방을 녹여내리고 있었다.

 끊임없이 내리던 빗속에서도 굳건히 버티던 나약한 고추와 호박들. 어느덧 작은 열매와 노란 꽃이 피어있었고, 아름다운 자태를 뽐내며 날아다니는 큰 나비는 척박한 환경에서 살고 있는 나의 모습을 보는 것만 같았다.

 우리가 살고 있는 세상은 참외 꼭지처럼 쓴 인내를 거쳐야만, 아름답고 풍성한 꽃과 열매를 만들어낼 수 있다. 우아하고 멋있는 인생, 자유로운 날갯짓을 하기 위해서는 넘어지고 떨어지는 고통을 안고, 참아내는 인내를 받아들여야만 한다.

리틀 붓다

베르나르도 베르톨루치 감독, 키아누 리브스 주연의 영화 「리틀 붓다」.

나는 이 영화를 출가하기 전 회사를 다닐 때 친구와 함께 보았다. 친구는 불교에 관심이 없는 평범한 젊은이였고, 나는 불교가 그리웠던 청년이었다.

그 당시 많은 제작비를 들여 만든 뛰어난 불교영화였다. 불교에 관심이 많았던 나는 처음 시작부터 온 정신을 몰입하여 깊이 빠져들었지만 그 친구는 극장에서 꾸벅꾸벅 졸고 있었다. 도제라마의 환생을 다루면서 부처님의 탄생과 성도과

정을 보여준 리틀 붓다.

 그중 제일 감명 깊게 본 장면은 싯다르타 수행자가 보리수 아래에서 깨달음을 얻기 직전, 커다란 해일이 싯다르타의 수행을 방해하기 시작하면서 마왕의 군대가 공격을 해온 것이다. 불화살과 돌무더기를 사정없이 쏟아 붓지만 싯다르타는 미동도 하지 않는다. 결국 불화살과 돌 무기들은 꽃으로 변하여 사라지고, 마지막 마왕 마라와의 대결을 남겨둔다.

 자신과 똑같은 모습으로 나타난 마라를 오른손으로 대지를 짚어 고타마 싯다르타 자신의 공덕을 증명하며 마라를 물리친다. 그러한 후 바른 깨달음을 이루어 몸 전체에 일원상이 나타나는 부처님의 모습.

 그후에도 싯다르타 수행자가 마왕의 군대를 물리치고 깨달음을 얻는 장면을 수도 없이 보아왔다. 리틀 붓다라는 영화를 소개하는 것은 나도 언제 한번 불교소재의 영화를 만들고 싶어서다.

 온 우주가 환난과 고통의 괴로움에 빠져 있을 때, 사람들은 한치 앞을 모르는 세상에서 쾌락에 빠져 허우적거린다. 이때 인간 구세자가 나타나 우주와 지구를 구하고, 인간들을 교화하는 영화. 언제부터인가 이런 꿈을 꾸어왔다.

요즘 뮤지컬 「원효」가 반응이 좋다고 한다. 계속 서울에 살고 있었다면 개막 첫날 보았을텐데 안타깝다.

문화 불교는 지금 이 시대에 우리 불자들이 받아들어야 할 훌륭한 포교방법이다. 불교를 그리워하던 한 청년을 부처님의 제자로 만들어 놓았기 때문이다.

비

새벽부터 비가 많이 내렸다. 지치고 무섭게 느낄 정도로 큰 비가 내렸다.

어렸을 적 여름 장맛비가 한참 내릴 때 나는 방안에 누워서 상상을 하곤 했다. 우리 집은 세상에서 둘도 없는 희한한 우주선이 되어서 나를 태우고 하늘을 날아다니고, 세계를 떠다니다가 마지막 장식을 우주여행과 외계인을 만나는 것으로 마무리하는 친절한 우주선이었다.

그렇게 깜찍한 여행을 다녀온 후 다시 집에 떨어지는 비는 더 이상 장맛비가 아니라 나의 마음을 알아주는 다정한 친구처럼 정감이 갔었다.

그러나 지금 떨어지는 빗방울은 마음에 부담이 가는 폭우였다. 사명산은 비가 오면 생기는 개 샘이 많다고 한다. 절집 뒤에는 자그마한 계곡이 두 개나 생겼다.

오늘은 비가 온 덕분에 밖에 나가지는 못하고 방안에서 컴퓨터 작업을 하였다. 노트에 글을 써 놓은 것을 컴퓨터에 옮기기 위해서다. 방이 좁아 설치하지 못한 것을 억지로 자리를 만들어 꾸며보았다.

원래 독수리타법의 타자가 연습을 하지 않고 자판기를 두드리니 손가락들이 제멋대로 춤을 춘다. 두어 페이지 작업을 마치고 찬불가 CD를 틀었다. 오랜만에 들어보는 찬불가인지라 마음에 징한 것이 다가왔다.

소리

올 여름처럼 비가 많이 온 적은 없는 것 같다. 두 달 정도 비를 퍼부었으니 이제 그만 와도 될 것 같은데….

장날 양구시장에 나가보았다. 야채를 파는 상인은 이렇게 비가 오는 날이 많아지면 장사하는 사람들이 힘들다고 한다. 들어가는 돈은 많은데 찾아오는 손님이 없으니, 이래저래 없는 사람들만 걱정이다.

하루기도 중에서 가장 힘차게 정진하는 때가 저녁기도이다. 저녁에는 많은 시간을 기도에 할애하여 활기차게 이끌어 간다.

목탁을 치다보면 밤이 찾아와도 전등불을 켜지 않으니 아랫집 노 보살님께서 밤에는 왜 불을 안 키냐고 물어오니, 나를 지켜보는 사람은 어딘가는 꼭 있는 것 같다.

그전에 칭명염불을 하다보면 배에서 나오는 나의 목소리에 깜짝깜짝 놀라곤 하는데 요즘은 입안에서 울려 퍼지는 목소리에 놀라며, 때로는 우주를 감싸는 소리를 뿜어내기도 한다. 그럴 때면 입 안 가득 염불소리가 차 있는 것을 볼 수 있다. 과일 향이 입안에서 맴돌기도 한다.

아름다운 염불소리에 나는 몸을 실어 하늘을 날아간다. 두 팔을 벌려 염불을 만끽한 채 정처 없이 날아가기도 하고 빙글빙글 회전도 해본다. 다시 땅속 깊이 들어가니 수억 년 전 화석들이 고독한 모습을 저버리고 슬그머니 살아나기 시작한다. 난 그 아름다운 광경을 행복스럽게 지켜보며 끝없는 하늘세상으로 비행을 한다. 한참을 올라가니 편안하고 따뜻한, 눈이 부실 정도로 밝은 커다란 광명체가 보였다. 나는 그 광명체가 본능적으로 모체인 줄 알아차리고 그 속으로 날아가 스르르 녹아 스며들었다.

소리의 음성으로 사람을 제압하고 소리의 파장으로 병을 치료하는 방법이 세상에 나오고 있다. 우주공간에는 소리들이 사방에 퍼져있어 오묘한 화음을 내며 우리들을 다독거려 준다.

도심사찰에서 부전을 볼 때였다.

설날 대중들이 모여 다과를 하고 나서 윷놀이를 하였다. 한 팀에 3명씩 조를 짜서 윷놀이를 해나갔다. 우리 팀이 앞서가고 있었고, 그 다음 팀이 바짝 뒤따라오고 있었다. 나의 차례가 돌아왔다. 내가 윷을 던지면 그 게임은 우리 팀이 승리를 하고, 당연히 상금도 우리들의 몫이었다.

나는 윷을 잡고 단전에 숨어있는 기를 끌어들여 얍! 하고 일갈을 한 뒤 윷을 던졌다. 나무들은 보기 좋게 윷을 만들어내었다.

우리가 듣고 있는 소리에 귀를 기울여보자.
소리를 음미해보자.
아름다운 소리를 담아보자.
물방울소리, 바람이 부는 소리, 새소리, 개구리 소리, 웃음소리, 염불소리, 땅이 움직이는 소리, 날이 밝아오는 소리, 귀신이 방귀 뀌는 소리 등 깨끗하고 싱그런 많은 소리를 흘리지 말고, 자신 안에 집을 만들어 소리를 모아두자.

그러면 이러한 소리들이 내 몸 안 곳곳에서 연주를 하고 있어 돈 들이지 않고도 아름다운 화음을 감상할 수 있다. 내가 듣고 싶을 때 마다 마음에 간직한 소리들은 수고스러움을 마다하지 않고 연주를 하여준다.

그리하여 어제 저녁에 갖고 있던 미움과 우울한 감정은 사라지고, 마음에 새로운 살이 돋아 나를 괴롭혔던 정신적 병을 치유할 수 있다.

소리를 마셔보자.

소리를 마시는 수행으로 마음은 넓고 깊어져 가며, 가슴 속에 울려 퍼지는 시원한 얼음수가 굳어져 있는 생각을 풀어주고 죽어 있는 감성을 일깨우며 마침내 깨달음으로 이끌 것이다.

기분전환

　　　　　구름사이로 뚫고 나오는 뜨거운 햇살이 아랫집을 비추었다.

 이제 당분간 비는 안 올 것 같다. 우울하고 침울한 하늘과 같이 우리들의 마음도 날씨조건에 반응을 보이는 것 같다. 몸도 마음도 지쳐있고, 공부도 잘 되지 않는다. 거기에다 생각지도 못했던 과거의 일들이 주마등처럼 지나간다.

 마음공부를 하고 또 해보아도 마음대로 되지 않을 때가 있다. 하던 일들이 풀리지 않을 때도 많다. 전문 수행자 스님들도 가끔 이런 장애가 찾아오지만 일반인들은 오죽하겠는가.

그럴 때 한 숨만 쉬지 말고, 신세한탄 하지 말고 잠시 주위 환경을 바꿔보는 것이 어떻겠는가. 가벼운 일을 한다든지, 산책을 하여 싱그러운 바람을 쏘이면 공부가 달라붙지 않을까. 안 그러면 책을 읽든지 명상음악을 들으면 날아가던 공부가 다시 돌아오지 않을까.

이곳에 와서 좋아진 걸 꼽으라면 당연히 눈이다. 서울에 살 때는 책이며, 컴퓨터에 눈이 나빠져서 생전 처음 안경을 맞췄다. 책 읽은 것을 썩 좋아하지 않았지만 그 당시 많은 종류의 책을 읽었고 분량도 많았다. 그 결과 다행히 책 읽는 취미를 들였으나 난시의 진단을 받았다.

나의 눈을 더욱 나쁘게 했던 것은 컴퓨터 인터넷 검색이다. 법문자료, 사회 의 이슈 등을 검색하느라 매일 컴퓨터에 앉아있었으니 안경을 써야만 또렷하게 보였다.

월명리 목넘어 계곡의 생활은 책을 보지 않는다. 왜냐하면 기도 100일 전까지는 책을 보지 않기로 다짐을 했기 때문이다. 그리고 이 지역은 인터넷이 안 들어온다. 하루일과가 멀리 있는 산을 바라보는 것이다. 그러니 당연히 눈이 좋아지는 것이다.

'때론 물질문명을 멀리하고 자연을 가까이하는 것이 건강

을 되찾는 방법 같다.'

첫인상

　산중에 밤꽃이 한창이다.

　마을로 내려가다가 살아있는 익숙한 냄새가 진동하니 고개를 갸우뚱하였다. 무슨 냄새지? 비릿하고 달짝지근하면서도 구수한 냄새… 잠시 후 머릿속에 떠오르는 단어 밤꽃이었다. 큰 밤나무가 많은 이곳은 밤꽃이 피면 자신의 영역을 자랑하는 신들린 곰 것처럼 우람스럽게 피어난다.

　사람의 첫인상은 매우 중요하다. 내가 이곳으로 온 이유도 첫 대면이 좋았기 때문이다. 입사시험 중에서 면접은 중요한 부분을 차지한다. 모 그룹 회장님은 신입사원을 뽑을 때 자신이 직접 관상을 보았다고 하니, 첫인상이 인생을 결정지어 줄 수 있는 일이기도하다.

 나의 인상은 험악하게 생기지 않았기 때문에 사람들로부터 크게 미움을 받지 않는다. 그러나 출가해서 처음 본 면접에 떨어진 기억이 있다.

 대학원을 다닐 때 학비와 용돈을 벌기 위해서 절에서 기도와 제사를 봐주는 아르바이트를 해야만 했다.

 어느 날 서울에 있는 절에서 부전자리를 찾는다는 도반스님의 전화를 받고, 다음날 주지스님께 면접을 보러갔다. 본사와 은사를 물었고, 아침축원을 해보라기에 긴장감에 그만 사시기도 축원을 해버렸다. 재빨리 아침행선 축원으로 바꾸긴 했지만….

 염불은 잘하는 것도, 못하는 것도 아닌데 왜 염불에 리듬을 타냐고 화를 내는 주지스님에게 한소리를 들었다. 그렇게 나는 면접에 떨어졌다.

 몇 개월이 지나 그 절에서 경전공부를 하게 되었다. 쉬는 시간에 도반스님과 함께 계단에 앉아 김밥 도시락을 까먹고 있는데, 우리를 본 주지스님이 대뜸 소리를 지르며 성을 내셨다. 화를 낼 일도 아닌데 말이다. 나를 알아봐서 그런 건지….
 지금까지 주지스님이 왜 그렇게 까지 화를 내는지 나는 잘 모르겠다.

꽃

절집 옆 언덕자리에 심어놓은 나리가 방긋 꽃을 피웠다. 들에 핀 야생 나리보다 더 예쁜 듯 진노랑의 자태를 뽐내고 있었다. 이 순간을 놓칠세라 난 카메라를 얼른 들이댔다. 나리도 싫지 않은지 자신의 입을 더욱 크게 벌려준다.

며칠씩 비를 내려서 그런지 꽃 주위와 도랑에 잡초들이 많이 올라왔다. 즐거운 마음으로 잡초를 뽑으니 염불이 더욱 잘되었다. 염불을 하지 않으려고 해도 깊은 마음속에서 저절로 끊임없이 흘러 나왔다.

관세음보살~ 관세음보살~ 염불을 하는 사이 마음의 눈은 쉴 사이 없이 나를 쳐다보고 있었다.

 오후에는 양구에 사시는 스님과 함께 양구 방산면에 있는 두타연을 둘러보았다. 천년 전에 있었던 두타사터와 회정 대사가 보덕 낭자와 함께 살아간 인연이 서린 보덕굴이 함께 보였으며, 관세음보살이 두건을 떨어뜨렸다는 두건바위를 둘러보았다. 두타연은 많은 비가 내려서인지 웅장한 물결과 큰 파도소리가 주위를 앞도 하는 분위기였다.

 관세음보살의 화신인 보덕 낭자와 함께 생활을 했던 회정스님, 관음신앙을 크게 펼친 큰스님. 염불을 하는 나에게는 매우 뜻 깊은 성지였다. 원력 있는 스님이 나타나셔서 이곳을 관음성지로 만드는 바램을 가져보았다.

 등운사에서 차를 많이 마셔서 그런지 밤에 잠을 설친다. 옳지 잘 됐구나! 나는 눈을 감고 누운 채로 공부를 세밀하게 지어갔다. 머릿속은 떵 비었고 자연적으로 공부가 이어져갔다. 거의 뜬눈으로 보냈다고 생각했는데, 시계소리에 눈을 떴다.

 잠깐 깊이 잠들어 있을 때, 나는 어디에 가 있었을까?

 우르릉~ 우르릉~ 거리며 흘러내리는 목넘어 계곡은 알고 있겠지.

에어컨

여름에는 많은 사람들이 시원하고, 차가운 것을 찾는다. 아이스크림은 여름에 인기 있는 음식이지만 특히 선방에서 정진하는 스님들 중에는 아이스크림을 특별히 사랑하는 분들도 많다.

이번 여름은 목넘어 계곡에 들어와서 처음 지내는 여름이다. 여름을 그다지 싫어하지 않지만 푹푹 치는 상황은 생각만하여도 '왕 짜증'이다. 달콤하고 시원한 초콜릿 아이스크림을 떠올리는 계절, 이곳에서 여름을 어떻게 보낼는지 ….

이번 장마 덕분에 나는 천연 에어컨을 발견했다. 계곡을 가로지르는 길을 걷는 순간 시원하다 못해 시린 바람을 맞이하였다.

야~ 하! 여기 있는 계곡물은 아주 차가워서 손이나 발을 담그기가 어려울 정도인데, 그런 물이 폭포수처럼 쏟아지니 에어컨 같은 차가운 바람을 뿜어내는 것이다.

나는 한참 더운 낮 시간에 밀짚모자를 쓰고 여름 피서를 떠난다. 장소는 자연 에어컨 바람이 나오는 곳, 바위에 걸터앉아 피어오르는 차가운 바람을 받으며, 물 내려가는 모습을 하염없이 쳐다보면 내 안의 밝은 마음이 떠오르는 명상을 얻기도 한다. 그런데 한 가지 흠이 있다. 시원한 계곡물 바람을 쏘이고 돌아와서는 다시 덥다는 것이다. 그래도 나는 꾸준히 간다.

이 세상을 호령하고 사람들의 존경을 한 몸에 받았던 수많은 영웅과 성인들. 그들은 왜 우리들을 남겨두고 저 세상으로 가셨을까. 오랫동안 살아남으셔서 욕심이 가득하고 혼란스러우며 더러운 세상을 깨끗하게 정화하여 행복을 우리에게 안겨주고 가시지 않고, 왜 그들은 무심하게 그냥 떠났을까.

그 많은 영웅과 성인들은 지금 어디에서 살고 계실까.
'씨억씨억 솔바람 한 움큼 훔쳐간 광대는 알고 있겠지.'

희망

점심을 먹고 소화를 시키기 위해 방안에서 서성거렸다. 조금 있다 마당 앞에 있는 공터에 새끼 고라니 한 마리가 나타나 조심조심 주위를 둘러보며, 살금살금 앞걸음 질을 하고 있었다.

이것을 놓칠세라 조심스럽게 밖으로 나가 카메라로 사진을 찍었다. 찰칵 하는 소리에 궁금증을 일으킨 새끼 고라니. 나를 쳐다보는 눈이 호기심 많은 어린아이의 표정과 똑같았다.

한참 둘이서 눈을 주고받다가 장난기가 발동하여 얼른 뒤를 돌아 방으로 돌아와 버렸다. 다시 눈을 공터에 두니 그 짧은 순간 고라니는 자취를 감춰버렸다.

　요즘 좌선은 정진이 잘 안 된다. 많은 걸 놓아야 하는데, 고민거리가 나를 놓아주지 않는다. 답답한 심정으로 하루하루를 살아간다. 조그마한 희망이 있어서 버티고 있지, 희망조차 없었다면 미련 없이 하산했을 것이다. 어지러운 생각을 버리고 희망을 친구삼아 마음을 짓누르는 현실과 싸움을 하고 있다.

　내친 김에 좌선을 마치고 옆 산에 올라갔다. 비닐 봉지 하나와 지팡이를 짚고, 올라가는 산행. 새순으로 올라오는 취나물을 뜯기 위해서다.

　취나물은 세어있었고, 산은 많이 가팔랐다. 나물을 뜯으며 정상에 올라서니 둥그렇게 병풍으로 둘러친 첩첩 산들이 보였다.

　눈과 마음에서 일어나는 웅~ 쿵! 하는 감정이 찌릿하게 심장을 눌러주었다.

　이런 곳도 있구나! 주위의 자연경관들이 초초하고 답답한 나의 마음을 풀어주었다.

산을 내려오면서 혼자 지껄였다. 관세음보살님의 가피는 분명히 있다. 지금 나와 그 가피가 멀리 있지 않는 느낌이 들었다.

힘내자. 해보자.

공(空)

산과 산 사이로 멀리 바라보이는 논과 아스팔트의 창공 위에서 백로 한 쌍이 고고한 날갯짓을 하며 날아간다. 때마침 그 장면을 보고 있던 나를 향해 방향을 바꿔주는 부부 새. 높고 드넓은 허공에 백로가 점을 찍으면서 날아간다.

공(空)이란 텅 비어 아무것도 없는 것, 불교교리에서 난해한 교리중 하나에 속한다.

노래가사에 이런 말이 있다.

'살다보면 알게 돼 비운다는 의미를…'

노래가사이지만 깊은 의미를 전달해 주는 글이다.

공을 이해하기란 매우 어렵다. 왜냐하면 우리에게는 현실만을 내다보는 육안이 있기 때문이다. 현실은 산도 있고, 사람도 있고, 아파트, 자동차 등 사방에 보이는 것은 모두 다 물질로 이루어져 있는데 어떻게 공을 이해하라는 말인가.

공은 먼저 이해하기 보다는 받아들어져야 한다. 머리를 싸매고 이해를 한다고 해봤자 지식으로는 한계가 있다.

받아들인다는 것은 마음으로 믿고 동의하는 것이다.

'일체법무자성공(一切法無自性空 : 모든 것은 그 자체에는 어떤 실체도 갖지 않고 텅 비어 있다. 불교에서는 모든 것이 인연에 의해 생성되기 때문에 이렇게 말을 한다)을 믿고 마음으로 받아들이면 어느 순간 홀연히 공을 체험하고 알게 된다. 그것은 우리들의 마음이 텅 비어있기 때문에 가능하다.

공을 알아야 부처님 말씀의 진의를 알게 되고, 진실한 자비행이 나오게 되는 것이다. 공은 부처님 법문의 기초이다. 대승불교는 공에서부터 출발을 한다. 그래서 공 도리를 알아야 팔만사천법문을 꿰뚫을 수가 있는 것이다.

아참! 공이라고 해서 아무것도 없는 것은 아니다.
백로가 점을 찍으면서 날아가듯
공에도 묘하게 살아 숨쉬는 것들이 있다.

싸움

　　　　　우연히 거울을 보다가 반짝이는 내 눈동자 안에서 거울을 쳐다보는 나를 바라보았다. 신기하기도 하고 대견하기도 한 스님.

　거울을 보는 내가 진짜일까. 눈동자 속의 스님이 진짜일까.

　이제 사명산에 들어와서 하는 정진이 익숙해졌다. 지금부터 천천히 본격적인 수행에 들어가야 한다. 앞의 일은 워밍업에 지나지 않는다. 용맹정진은 말처럼 쉬운 것은 아니다.

　요즘 수행자들은 행보다 말이 앞선다는 어른스님의 꾸지

람 같은 말씀은, 수행정진의 실천보다는 말로서 정진하는 스님들에 대한 일침을 가하는 사자후이다.

끊임없이 쏟아지는 내면의 끈질긴 수마(睡魔)와 싸워야 하고, 무섭고 두려운 생사마(生死魔)와 대적을 해야 한다.

'자신과의 싸움이 진정한 정진이다.'

싸움에서 패한 자는 한스러운 세월을 보낼 것이고, 싸움에서 이긴 자는 승리감과 부처님의 가피, 지혜의 선물들이 가득한 보따리를 얻을 수 있다.

어때, 이만하면 한번 해보아도 되지 않을까.

고독한 자신과의 싸움에서 이긴 자가 진정한 인생의 승리자이며, 아름다운 삶을 살아갈 준비가 되어있는 자이다.

킬리만자로의 표범처럼 말이다.

최면술

문득문득 내가 왜 여기에서 살고 있는지 자신에게 되물어보곤 한다.

처음 절에서 지내던 행자시절. 무척 피곤해서 잠시 눈을 감고 있다가 깊은 잠이 들어, 혼자 놀라 깨어나 앉아서는 내가 여기에 왜 왔는지를 모르곤 했던 그때와는 사뭇 다르다. 나를 강하게 만드는 일종의 최면술이다.

많은 상황들이 열악하다. 이곳에서 정진하는 까닭은 견성성불 하여 중생을 제도하기 위해서다. 부디 오래 남아 꿈을 이루고 싶다.

내려다보이는 길이 훤하기는 했지만 구불거리며 지나가는 모양이 쉽지 않다는 것을 말해주는 것만 같았다.

야성미 넘치는 들풀들이 삐죽 삐죽 자신을 길들여 달라고 애원하는 것 같기도 하고… 지금 펼쳐져 있는 냉혹한 현실을 하나하나 풀어나가야 한다. 자르지 말고 풀어 나가야 하는데 자꾸 싹둑 자르려고 하는 심정이 이내 야속하다.

'아제 아제 바라아제 바라승 아제 모지 사바하….'

길가 위에서 영양 즙을 빨고 있는 제비나비만이 화려한 날개를 뽐내고 있다.

오후에는 손님이 찾아오셔서 차를 마셨다. 인천에서 올라온 아랫집 부부. 고마운 마음에 내가 번역한 독송용 관음경 한 권을 드렸다.

손님이 가신 후 새로운 분위기를 만들기 위해 방안의 물건들을 바꾸어보았다. 빗물에 더러워진 창틀을 닦아냈다. 두드리지 않았던 컴퓨터를 다시 켰다.

늘 그랬듯이 염불을 놓지 않으려고 애를 쓰며 하루를 보낸다.

소나무

　　　　뒷문을 열고 밖으로 나서면 진하고 도도한 향수 냄새처럼 자연나무향이 사방에 울려 퍼진다. 한참 동안 그 냄새를 맡고 있노라면 나도 모르는 사이 진한향수 냄새에 찌릿한 마법에 걸린 듯 몽롱한 느낌을 받는다.

　팔공산에 있는 은해사 일주문을 조금 지나면 소나무 숲이 들어서있다. 소나무 특유의 흉내 내지 못하는 고고한 색깔과 표피, 길고 우아하게 굽은 모습들은 깨달음이 이런 것이 아닌가 하는 의혹을 품게 한다.

　은해사에 살 때면 매일 그곳에 앉아 솔바람을 맞고 있노라면, 인사차 얼른 자신의 큰 키를 자랑하곤 했었지.

나는 헤벌레 해진 마음을 내려놓고 소나무들과 삼매 속에서 소곤소곤 대화를 나누곤 했었다. 보기 좋게 잘 뻗은 소나무와 나는 어느새 친한 친구가 되어 한바탕 술래잡기도 한다.

가위 바위 보!

나를 다독거려주는 어린 소나무, 거치적거리는 이상한 소나무들, 호된 꾸지람을 주는 아비 소나무에 깜짝 놀라 잠을 깬, 한없이 작아졌던 나의 모습을 보여줬던 소나무 숲.

목넘어 계곡의 소나무는 은해사 소나무들과는 느낌이 조금 다르다. 춥고 거친 환경에서 살아남은 모습들이 애처롭다. 그래서 그런지 그들은 한쪽 팔을 없애버리고 외팔이로만 살아나간다. 그래도 그런 친구들이 있어서 좋다.

방 앞에 항상 서있는 소나무는 나를 보호해주는 수호신이 되어 무지개 색동 미소를 사방으로 뿌려주고, 멀리 보이는 쌍둥이 소나무는 꿈 속 여행을 떠나는 동반자가 되어 손을 마주잡고 빛줄기를 따라 날아다니다가 찬란한 광명 속으로 나를 넣어주곤 하였다.

자동차

　　자동차는 이제 사치품이 아닌 필수품이 되어가는 것 같다. 시골에서도 흔히 볼 수 있는 경운기보다 자동차가 쉽게 눈에 띄고, 집집마다 대부분 자동차 한 대씩은 가지고 있는 것 같으니 말이다.

　차를 몰고 다니는 스님들도 요즘 무척 많아졌다. 그러나 너무 비싼 고급 승용차는 사회적으로 비탄의 거리가 되기도 한다. 스님들은 성직자들 중에서 가장 눈에 띄는 헤어스타일과 옷매무새로 인하여 일거수일투족이 세인들의 눈요깃감이 되기도 한다.

한 읍내. 작은 건물 2층에 있는 병원에 치료를 받기 위해 열심히 계단을 오르는 것을 뒤따라오는 여학생이 보면서 하는 말이 걸작이다.

"야! 스님이 PC방 간다."

그러나 나는 그들을 실망시켰고, 3층의 PC방을 져버리고 2층으로 들어간 스님을 허무한 표정으로 쳐다보는 꼬마 아가씨들.

서울에서 포교당을 운영하였을 때 어쩔 수 없이, 아니 꼭 필요해서 작은 자동차를 장만한 일이 있었다.

학교를 지하철로 통학을 했는데 그날은 재수없게 기독교 회개맨에 나를 노출시켜 버렸다.

"회개하십시오! 예수를 믿으십시오."

회개맨은 자동적으로 뜻 없는 설교를 하면서 지하철 통로를 지나간다.

하필 그날 그의 레이더망에 걸려든 것이다. 나를 보는 순간, 그는 멘트를 바꾸고 소리의 볼륨을 높여가며 내 주위를 지독하게 집착을 하였다.

"불교 믿으면 지옥 갑니다. 하나님을 믿으세요. 하나님을 믿으면 천당 갑니다."

그러나 내 특유의 대처법인 묵빈 대처에 그는 더욱 신이 나서 열심히 지껄여댄다. 바로 밑자리에 앉아있는 아가씨는 연신 나의 표정과 회개맨을 쳐다보며 재미있다는 듯 웃음을 짓는다.

얼마의 시간이 지나자 지하철 안의 많은 사람들이 짜증을 내며 말을 한다.

"여기에 당신 말을 듣는 사람이 없는데 왜 자꾸 떠드느냐. 그만해라."는 말에 그는 꽁지를 내리고 다음 칸으로 자리를 옮겼다. 그후 이런 저런 이유로, 나는 할부로 자그마한 차를 장만하게 되었다.

나의 종교가 좋고 귀한 줄 알면, 다른 종교도 자신의 옆자리에 있다는 사실을 인정한다면 종교전쟁과 싸움은 일어나지 않을 것이다. 우리와 같은 전문 종교인에게 자신의 종교를 강압적으로 어필한다면 그것은 선교가 아니라 무례한 짓에 불과할 뿐이다.

승가(僧家)

　승가는 비구·비구니로 구성된 불교 이부(二部) 수행대중이다. 쉽게 말해서 남자스님, 여자스님으로 이루어진 부처님 제자들이다.

　절 집안에 대하여 잘 모르고 출가한 나는 한 밤중에 들리는 풀벌레 소리를 노스님의 호흡수행이라고 착각을 했던 때도 있었다.

　스님들 중에는 별의별 각양각색의 성격들을 지니고 계신다. 훌륭한 인격은 더욱 밝은 인품으로 태어나고, 까칠하고 모났던 성격을 부처님 법에 의지하여 갈고 닦아 인천의 스승으로 다시 태어나게 만들어 내는 곳이 승가가 들어선 절집이다.

보리암에서 수행 정진할 때 초자스님들의 신경전은 낙엽을 비어낼 정도로 날카롭고, 그 드셈은 암자 뒤에 버티고 있는 바위를 들썩들썩 할 기세였다.

출가하였다고 처음부터 비구·비구니가 되는 것은 아니다. 행자 생활을 거쳐서 10계를 받으면 이제 사미·사미니의 예비스님이 된다. 사미·사미니 스님들이 승가대학이나 선원에서 4년을 더 다녀야지만 구족계를 받을 수 있는 자격을 준다. 그 자격시험에 합격을 해야지 정식 비구·비구니가 되는 것이다. 구족계를 받은 스님은 자신의 적성에 맞추어 이판사판으로 나누어 생활을 한다. 즉 수행승과 행정승으로 나누어 각자의 길을 걸어간다.

여기에서는 자신의 허물을 다 벗겨 위상을 휘날리는 용이 있을 것이고, 용이 되려고 하는 야심을 먹은 채 꿈틀거리며 때를 기다리는 이무기도 있다. 그러나 수행은 뒷전이고 자신의 이익에 눈이 벌겋게 변하거나 신경이 그쪽으로만 발달한 뱀들도 있다. 중요한 것은 이 셋 모두가 용의 비상을 바라지 않는다는 것이다.

용도 자신만이 홀로 갈채를 받기를 원하고 뒤를 이을 후계자 용을 키우려 하지 않고 있다. 나와 다른 훌륭한 용과 이무기가 있다는 것을 인정하지 않는다.

용을 경배하거나 용의 지혜를 배우려 들지 않고, 우선 깎아내리고, 허물을 찾아 들추어내야만 직성이 풀리는 뱀들.

한국불교는 이제 세상을 날아다니는 용을 만들어내야 한다. 티베트 불교는 환생 라마제도를 세워 세계의 많은 사람들이 그 자비한 용에게 귀의를 하도록 하였다. 지금 티베트 불교는 세계불자들이 모여들고 있고, 많은 사람들이 부러워하는 연꽃을 활짝 피워냈다.

우리 승가에서 절실히 필요한 것은 여의주를 가지고 불을 뿜어내는 청룡과 황룡의 신비롭고 아름다운 비상을 실현시켜야 하는 것이다.

고향

　　　　서울에서 살 때의 일이다. 오랜만에 고향친구에게 전화가 걸려왔다.

　누구나 그렇듯이 고향은 어릴 적 친구들과 코 흘리며 구슬치기, 딱지치기를 하면서 논과 들판을 신바람 나게 뛰어놀았던 추억의 장소이다.

　초등학교 때에는 삼총사를 결성하여 주위 친구들의 부러움을 샀고, 삼총사들이 하는 일이란 구석구석을 돌아다니며 동네 구경을 하는 것이 낙이었다. 그러다 우연히 오천 원을 주워 경찰서에 신고를 하여 표창장을 받는 일도 있었다.

나에게 고향친구가 전화를 한 것은 고등학교 친구의 모친상 때문이었다. 장소를 가리지 않았던 포교승 시절이라 거절하지 않고 고향땅에 있는 병원영안실에 조문을 하러갔었다.

조문을 하고 보니 초등학교시절 함께 뛰놀던 코흘리개 아이들이 중년의 점잖은 모습을 하고 조문 상에 둘러 앉아있는 것이었다. 반가운 김에 앉아서 이 애기 저 애기를 나누다 시간이 많이 흘렀다.

문제는 저녁을 지나 밤이 가까울 무렵에 터졌다. 동네 선배가 승복을 입고 머리를 삭발한 나를 보더니
"야! 새끼야."
하는 것이었다. 나는 그 소리에 깜짝 놀라 얼른 그의 얼굴을 보았다. 술은 취한 것 같지는 않지만 조금 지나친 말이었다. 미소로 그를 대하고 조금 앉아 있다가 밖으로 나왔다.

이번에는 고등학교 선배가 나를 보자고 한다는 전갈을 받았다. 그 사람은 나를 보자마자 절집의 흉들을 까발리면서 서있는 내내 지저분한 말만 내뱉었다. 맨 나중에 나에게 던진 마지막 강한 펀치 한 방!
"너 대처승이냐?"

참! 어이가 없어서… 냅다 소리를 지르고 혼을 내주고 싶었지만 참았다. 아무리 선배라도 나이 먹은 성인의 기본적 예의가 있는 건데, 안하무인의 사람이었다. 그리고 나는 성직자가 아닌가. 그 사람이 대처승이 무엇인지는 알고 말을 하는 걸까. 그런 말은 스님한테는 크나큰 욕이라는 것을 알아야할 텐데….

 그날 밤 별이 뜨지 않는 삭막한 하늘을 바라보며 집으로 돌아왔다.
 '스님들이여 고향에는 가지 말라.'

이사

　　　스님들처럼 이사를 자주 하는 사람들도 없을 것이다. 떠다니는 구름과 흐르는 물을 친구삼아 여행을 할 때면 자신만의 짐을 꾸려서 이 절 저 절, 이곳저곳을 돌아다니면서 살아간다. 일명 행각승이다.

　부처님께서는 한곳에 3일 이상을 머물지 말라고 하는 율장정신에 의해서 크게 허물이 될 것은 없다. 그렇지만 무상한 세월도 변해서 맡은 소임이 있을 경우 자주 옮겨 다녀서는 보기가 안 좋다.

　요즘 여름철이라 이사가 뜸하지만 스님들의 이사는 안거

중만 아니면 계절을 타지 않는다. 나도 한때는 큰북만한 걸 망을 짊어지고 전국을 발판삼아 이사를 다니며 기도를 한 적이 있었다. 하늘에 떠 있는 뭉게구름을 따라 산길을 돌 때면 살구나 오디의 시큼한 과일 대접을 받기도 하는 발품을 팔아 다니는 스님들의 이사.

택배와 포장이사가 발달한 이 시대에는 그런 멋도 찾아보기 힘든 지경이다. 해제가 다가오는 날짜에 박스에 짐을 챙겨놓고, 다음 정진할 선원에 먼저 짐을 보내 주인을 기다리는 현상들.

서울 포교당에서 양구로 이사를 하기 위해 사이트에 절을 내놓았다. 조건은 모든 물품을 나두고 이사 비용만 받는 형식이었다. 잠시 후 전화가 걸려왔다. 이것저것을 물어보니 대전에서 한걸음 만에 달려온 스님. 다행히 열심히 포교를 하는 스님이기에 아깝지는 않았다. 도량을 꾸미는데 많은 돈이 들어갔는데….

그렇게 서울 생활을 정리하고 양구로 이사를 왔다. 나중에 이 이야기를 들은 어떤 스님은 스님도 어려우신데 시설비를 조금은 받고 드리지 그랬냐는 항의성 말투가 들려왔다.

대전에서 서울로 이사 온 스님은 적은 돈으로 포교당을 마련해서 좋고, 나는 조계종 절이 희박한 양구 땅에 사찰을 건립해서 좋지 않는가.

이것이 바로 도인의 이사법인 것이다.

미래

　　전국적으로 긴 장맛비가 오더니만 장마도 이제 서서히 지친 모양이다. 내일이면 끈질긴 장마도 물러나고 뜨거운 무더위가 찾아올 것이라고 한다. 오랜 장마 때문에 없는 사람들만 걱정이다. 근 한 달 가까이 내린 비 때문에 노점상과 일용직 근로자들의 생계가 막막하기 때문이다.

　하늘에서 떨어지는 비가 보물이나 생필품으로 변해서 떨어지면 좋겠지만 그런 기색은 보이지 않으니 하늘이 얄밉게 보인다.

　염불도 이제 머리에 붙어서 도망가는 일이 없다. 기도 시간도 늘려서 조금씩 박차를 가하고 있다. 그렇지만 다생으로부터 이어온 습관은 좀처럼 비워지지 않는다. 얼마나 많은 생을 허비해 왔을까.

세상의 욕망과 부귀는 꺼져가는 불꽃처럼 마음에서 떠나간다. 명예와 신용과 깨달음도 점점 놓아간다. 놓으니깐 이렇게 좋은데 왜 그렇게 채우면서 살아왔는지. 산새소리만이 쪼로롱 쪼로롱 빈 마음에 울려 퍼진다.

나 자신을 죽여야만 한다. 그래야 진짜 산 사람을 볼 수 있기 때문이다. 그러나 나는 죽지 않으려고 발버둥 치고 있다.

세상은 상상할 수 없을 정도로 빨리 변화해 간다. 오늘의 기술과 지식은 이제 낡은 라디오처럼 골동품 신세를 면할 길이 없다.

앞으로 다가오는 세상은 지금의 지식정보세계를 뛰어넘어 지혜의 세상이 펼쳐질 것이며, 그 지혜의 세계가 우리들을 이끌어 나갈 것이다. 앞으로 세상은 상상할 수 없을 정도로 많이 변해있을 것이다.

자동차가 하늘을 날아다니는 세상이 열렸다.

놓는 마음공부를 하는 불교, 진리와 지혜의 종교인 불교가 앞으로 바뀌지는 세상을 이끌어 가는 원동력이 될 것이다.

천국으로 간 창녀

스님과 창녀가 집을 마주하고 살고 있었다.

둘은 같은 날 똑같이 죽게 되었다. 그런데 창녀는 천국으로 인도되고, 스님은 지옥으로 끌려가게 되었다.

두 사람을 데리러 온 사자들도 영문을 몰라 당황했다. 그리고 서로 물었다.

"어떻게 된 거지. 착오가 생긴 게 아닐까? 스님을 지옥으로 데려가다니 그는 일생동안 수행에만 전념하지 않았는가."

사자 중에 한 명이 말했다.

"스님은 성스러운 분이셨어. 그런데 그는 창녀를 부러워하고 있었던 거야. 창녀네 집에서 펼쳐지는 파티나 환락에 항상 깊은 관심이 있었어. 창녀네 집에서 아름다운 음악과 곡조가 흘러나오면 그의 마음 밑바닥을 몹시 흔들어 놓았지. 더구나 창녀의 발목에 달려있는 방울소리가 땡그랑 땡그랑 들릴 때마다 귀를 곤두세우고 그 속에 빠져있었어. 그가 경을 읽고 목탁을 칠 때에도 창녀네 집에서 들려오는 소리에 마음이 쏠려 있었단 말이야.

그런데 창녀는 어떠했었느냐 하면, 언제나 이 지옥 같은 생활을 청산하고 저 앞집 스님처럼 아침 예배를 드리고 제단에 꽃을 꽂을 것인가. 언제나 나도 절에 기도를 드리고 꽃을 바치는 스님같이 거룩한 사람이 될 수 있을까. 이렇게 더렵혀진 몸으로 감히 어떻게 꽃을 바친담…. 하고 앞집 스님 생활을 부러워했던 거야."

이렇게 창녀는 항상 스님의 생활을 동경했고 스님은 반대로 창녀의 쾌락적인 생활에 굶주려 있었기 때문에 사후에 가는 길이 달랐다. 따라서 둘은 자기가 마음속에 간직했던 대로 지옥과 천국으로 가게 된 것이다.

한 생각을 다스리는 것이 정진이요 수행이다.

극락세계에 가 있어도 한 생각이 깨끗하지 못하면 그 자리는 지옥으로 변하고, 지옥세계에 가있더라도 한 생각이 올바르면 더러운 곳에 있어도 물들지 않은 연꽃처럼 바로 극락세계로 변하는 것이다.

절에 머물고 있더라도 탐욕을 부리고 화를 내며, 어리석음이 가득하다면 세속에서 사는 것과 무엇이 다르겠는가. 살아서 많은 사람들을 속여 왔지만 죽어서는 내가 자신만은 속일 수 없는 것이다.

'오늘 나는 한 생각을 얼마나 잘 다스렸는가.'

제2부

빛을 향하여

우주여행

저녁기도를 마치고 마당 밖으로 나와 봤다. 밤에 문을 열면 나방 떼들이 극성을 피우며 나의 방을 시시탐탐 노리고 있어서 저녁기도 후 웬만해서는 밖으로 나가지 않았지만 오늘은 특별히 나가보았다.

밖에는 야경을 먼저 즐기려는 야행족들이 진을 치고 모여들었다. 청개구리, 참개구리, 두꺼비, 나방… 이름 모를 벌레들. 야경을 즐기는 방식은 나하고는 다르지만 먼저 와서 기다리는 동료들에게 반갑게 인사를 나누었다.

"두껍아~ 두껍아. 헌집 줄게 새집 다오."

하는 장난기 있는 말투에 두꺼비 아저씨는 귀찮은 듯 얼굴을 붉히며 자리를 옮겨 앉는다.

흑진주처럼 새까맣고도 맑은 하늘은 모든 이에게 평등했다. 청개구리는 더 높은 곳에서 밤하늘을 즐기기 위해 사다리를 타고 전망대 꼭대기까지 기어 올라갔다. 참개구리는 자신이 아끼는 망원경을 꺼내들었다.

그 순간 파~ 박! 하는 소리를 내며 우주의 영상이 꺼졌다. 까만 하늘나라에 떠 있는 별들이 함박눈을 쏟아내듯 촘촘히 박혀있었고, 새하얗고 예쁜 몸을 자랑하고 있었다.

큰형별, 동생별, 내별, 너별, 나의 꿈, 너의 꿈, 저 멀리 꺼져가는 슬픈 별들. 그렇게 한참 동안 눈과 마음에 선명하게 희망 가득한 별을 그려준 하늘은, 언제 그랬냐는 듯이 시치미를 떼고 조용히 나를 지켜보고 있었다.

바로 그때 북두칠성이 나에게 자신의 국자 방에 올라타라고 말을 걸어왔다. 나는 단숨에 펄쩍 뛰어서 편안하고 부드러운 칠성이네 안방에 앉아 있었다. 방은 사방이 투명유리로 되어있어 광활한 우주를 한눈에 내다 볼 수 있었고, 내가 원하는 것을 모두 볼 수가 있었다.

사자별과 백조별은 자신의 영역다툼을 하였고, 원숭이 별들은 즐겁게 뛰어놀고 있었다. 부처님도 계시고, 관세음보살님, 지장보살님도 계셨다.

그 분들에게 예배를 올리고 미끄러지듯 은하세계가 끝없이 펼쳐져있는 대우주로 나가 보았다. 우주공간은 나의 중심을 잡아주어 편안한 여행을 할 수 있었다.

초롱초롱한 은하세계의 수많은 별들은 어느새 나와 친한 친구가 되어 빛을 잃어가는 별똥별을 주어가지고 구슬치기 놀이를 한다.

'오 ~ ㅁ'

우주에서 트림도 하고, 방귀도 끼어보니 그 소리는 사방으로 크게 울려 퍼져 부처님의 얼굴을 빨갛게 만들기도 했다.

우주는 텅 비어 있어서 마음껏 날을 수가 있었다. 수미산 꼭대기도 가보고, 우주를 뺑 둘러싼 끝이 보이지 않는 바다에도 가 보았다.

칠흑 같은 우주 속에서 반짝반짝 빛나는 진공에너지들이 나의 몸 속으로 들어갔다 나오며 나를 읽고 복사를 한다. 나는 한 사람이 되기도 하고, 두 사람이 되기도 하며, 열·백 수많은 모습들이 펼쳐져 있고 다시 하나가 되어간다. 몸집은 태산만해지듯 아이로 변하고 다시 우주를 한입에 삼켜 버리는 용의 모습으로 변해가면서 나는 조금씩 진화해간다.

　문득 주위를 둘러보니 그 많던 별들은 모두 사라지고, 어두운 밤에 나 혼자 우두커니 남아있었다. 무서움에 관세음보살을 힘차게 불러보았지만 관세음보살님은 아무런 대답이 없었다.

빛

　　새벽녘에는 뭉게구름, 솜사탕 구름, 둘리 구름들이 빠르고 잰 걸음으로 하늘을 운동장삼아 힘차게 걸어가고 있었다.

　손오공처럼 구름을 따고 저 건너편에 있는 미래마을에 가 보면 나는 어떤 모습을 하고 있을까. 아직도 꿈을 꾸고 있는 묵은지 같은 스님이 되어있을까. 아니면 꿈을 이루어 모두에게 안락한 행복을 안겨줄 큰 보살이 되어있을까.

　오전에는 기다리던 전기공사 작업차량들이 목넘어 계곡으로 들어왔다. 정식으로 전깃줄이 연결되었고, 이제 전기 계량기만 달면 전기를 끌어오는 일은 마무리가 되는 셈이다.

 참 오랫동안 기다렸던 전기였다. 더운 날 시원한 냉수를 한 사발 들이키는 것 마냥 속이 뻥 뚫리는 기분이다.

 세상에 밝음을 안겨주는 것은 위대한 일이다. 빛이 없었다면 지구와 우리 인류는 어둠 속에서 헤매는 하루살이처럼 처량한 신세가 되어있을지도 모른다.

 밝은 빛을 피부로 느끼며 사는 것은 행복한 삶 그 자체이다.

 그러나 우리들은 빛과 소금의 고마움을 모르고 당연한 것처럼 여기며 살아가고 있다. 빛과 소금은 우리들의 희로애락을 상관하지 않고 꾸준히 자신이 하는 일에만 전념한다. 그런 빛과 소금에서 우리들은 보살의 정신을 배워야 한다. 꾸밈없고, 편안한 그리고 충직한 빛과 소금 보살님들.

 여기서 한 단계 더 나아가 눈으로 느낄 수 있는 빛이 아닌 차원 높은 빛을 보려고 하자. 그 빛 속에는 모든 것의 비밀이 들어있고, 너와 내가 사랑하는 방법이 있고, 지혜가 밝혀져 있어 자비심으로 세상을 바라볼 수 있다.

오직 번뇌 망상이 사라진 텅 빈 마음 상태에서 가능한 일이다. 부처님은 오로지 지혜의 눈으로 고 차원의 빛을 찾아내어 사람들의 비밀과 우주의 비밀을 꿰뚫어보았던 것이다.

오후에는 서울 포교당 시절 신도회장님이 다녀갔다. 이제 조금씩 일들이 풀리는 느낌이 든다. 먹구름에 가렸던 햇빛이 잠깐씩 나를 비춰주는 것만 같았다.

나는 한 마리의 황룡이 되어 즐거운 마음으로 따뜻한 태양의 영양분을 받을 준비가 되어있다. 바람에 나부끼는 나뭇잎만이 홀로 걸어가는 나를 향해 소리를 내어 박수를 보내주었다.

행복3

　　　　여름 날씨가 절정인 지금, 이른 가을 날씨가 찾아왔다.

하늘은 높고 파랬으며, 시원한 바람이 줄기차게 불어주었다. 가을 특유의 강하게 내리꽂는 꽃무늬 햇살은 순식간에 산사를 가을 풍경으로 바꾸어 놓았다.

바람은 나뭇잎을 제멋대로 갖고 놀았고, 바람이 불어오면 나뭇잎들은 자신의 뒷모습을 어린아이가 웃을 때 새하얀 이를 드러내듯 엷은 연두색 가죽 옷을 펼쳐 보여주었다.

나는 소리 없이 찾아온 시원한 가을바람을 누구하나 신경

쓰지 않는 볼품없는 의자에 편히 앉아 저 멀리 하늘과 산의 경계가 없는 곳을 쳐다보며 이 세상에 둘도 없는 행복한 마음에 빠져 들어간다.

이것은 분명 부처님마음이요, 관세음보살님의 아름다운 미소를 머금은 오세동자의 행동처럼 천진난만 하였다. 지금 이 순간, 이 세계에서 나 보다 행복한 사람이 있을까.

대통령도 부럽지 않고 재벌회장, 큰스님도 부럽지 않았다. 이 순간은 부처님도 나를 따라올 수 없고, 관세음보살님도 나에게 한 마디 말을 던질 수 없다.

나와 주위에 있는 모든 것들이 빨강, 노랑, 파랑, 분홍색 꽃으로 변하여 서로를 다독거리며 비추어주고, 자신 몸 안에 감추고 있던 물방울들이 박차고 일어나 오케스트라의 연주자가 되었다. 그들은 아름다운 화음의 음악을 만들어 공중에 수를 놓기도 하였다.

극락세계의 가릉빈가, 앵무새, 백학 등의 새들도 나를 찾아와 함께 기뻐해주었고, 서로 손을 마주 잡고 춤을 추었으며, 앞으로 다가올 그날을 축하해 주었다.

머리에 세 뿔이 달린 사명산은 깊은 침묵 속에서도 나의 일들을 하나하나 증명해 주었고, 행복한 미래를 약속해주었다.

푸념

내 더위 가져가라!

작년엔 정월 대보름 민속풍습인 땅콩과 호두의 부럼을 깨물지 않아서 그런지, 올해 여름은 유난히 힘도 없고 지친 기색이 역력하다. 먹는 것도 부실하고 가행정진으로 인해 몸의 여러 군데서 이상 신호를 보내오니 세월 앞에 장사 없다는 말씀이 실감난다.

내가 지금까지 스님의 길을 걸어갈 수 있었던 것은 쉽게 빠져드는 게으름에 대한 호된 꾸지람과 참회, 재발심이 이 길을 걷는데 중요한 동반자 역할을 했을 것이다.

이제 어느 한곳에 정착하여 터전을 닦고, 뜻을 펼칠 나이건만 오지에 들어앉아 꿈이 이루어지기만을 기다리고 있으니, 한 편으로는 모자라고 바보스러운 사람인가 힐책을 해보기도 한다.

부처님과 똑같은 나이에 출가하여, 처음에는 절집의 좋은 점 보다는 나쁜 점이 많이 보인, 아직 때가 벗겨지지 않고 업장이 두터운 나약한 행자시절도 있었다.

그후 보리암에서 재발심하여 원 없는 공부를 지어가니 이보다 더 좋은 것은 이 세상에 없는 것처럼 느껴졌다. 여러번 관세음보살님의 화신을 만나 뵈었지만 근기가 떨어지고 선근이 없어서 마음에 닿는 후련한 법문을 듣지 못하였다.

몇 번의 마장에 걸려서 동서남북을 가리지 못하고, 귀머거리와 벙어리가 되어버린 시절도 있었다. 그런 슬픔과 아픈 마음을 담고, 작은 암자에 들어가 갖은 고통을 이겨낸 정진 끝에 진리를 보는 눈이 뜨이니 이것은 분명 관세음보살님의 가피이리라.

바랑을 메고 이절 저절, 은사 절, 사형 절을 찾아보았지만 분명한 건 도와주는 이 없고, 이용하고 부려먹는 세속 같은 절 뿐이더라. 그런 걸 알면서도 매번 '노'를 못하고 '예스'만을 외치는 순진하고 바보 같은 스님.

다시 세속으로 내려와 대학원에서 경전을 공부하면서 부처님 말씀과 세속 학문을 두루 섭렵하며 비상할 그날만을 기다려왔다.

관세음보살님의 은혜에 보답하고자 어렵게 서울 변두리 빌딩 안의 방을 얻어 작은 포교당을 개원하여 부처님 말씀과 관세음보살의 마음을 전하였지만 시대에 뒤떨어진 프로그램, 앞서지 못하는 법당의 인테리어와 현실을 간파하지 못하는 스님의 인식으로는, 각박한 도심 포교의 리더가 되지 못함을 한스러워 하며 보살들의 알력 싸움에 한숨을 짓던 스님.

그래도 3년은 이끌었던 서울포교당이기에 그 한을 품고, 큰스님들이 유유자적했던 산중으로 다시 들어오니 이상세계만 꿈꿨던 스님에게 현실세계는 가혹하리만큼 냉정하였다.

'한곳으로 지으면 이루지 못하는 것이 없다'는 『유교경』의 가르침에 따라 관세음보살을 생각하고 그리워하며 인연과 때가 오기만을 기다리지만 전생에 복을 짓지 못했다는 안타까운 생각을 되새겨보는 일상들.

많은 실력자들이 세상에 나올 때를 기다려보지만, 나를 기다려주지 않는 세상. 오죽하면 강태공이 많은 세월을 기다리며 낚싯줄을 강물에 던졌을까. 빌게이츠가 한국에 태어났다면 성공하지 못했다는 때와 좋은 시절.

일등과 첫번째만 알아주는 냉혹한 세상.

이러한 세상에 살아남기 위해서는 끊임없는 정진과 공부로서 자신에게 변화를 주어 창조적 인생을 살아나가는 것이 우선순위인 것 같다.

무상(無常)

　　무상(無常)은 우주 만물 모든 것에는 항상 존재하는 것이 없다는 뜻이다. 시간과 공간을 구애받지 않고 항상 변화하고, 생사를 반복하니 한곳에 머물지 못하는 우리들의 마음은 어디에 갖다 둘 곳도 없다.

　자칫 잘못 이해하면 허무주의에 빠지기도 하는 무상. 역대의 부처님과 보살들 큰스님들이 무상을 뼈저리게 느껴 출가하여 대도를 이루었던 영원히 변하지 않는 진리이다. 여기 무상을 이해하기 쉬운 이야기 한편이 있어 소개하기로 한다.

석가모니부처님께서 비사리국의 정사에 계실 때 일이다.

구시나라 성에는 삼만 명의 장사가 있었다. 그들은 힘이 센 것을 자만하여 몹시 교만하고 난폭하였다.

어느 날 부처님께서 이 난폭한 장사들을 교화시키고자 먼저 목련존자에게 그들을 교화하라고 부촉하셨다.

목련존자는 부처님의 명을 받고 오년이라는 세월동안 여러 가지 방법으로 그 장사들을 타일러 보았지만, 한 사람도 바른길로 인도하지 못하였다.

부처님께서는 이번에는 아난존자에게 그들을 교화할 것을 말씀하시고, 부처님께서 열반하실 날은 이제 석 달밖에 남지 않았다고 전하게 하셨다. 그랬더니 장사들은 부처님께서 오래지않아 열반하실 것이라는 말을 듣고, 구시나라 성에 와 세존이 오실 길만이라도 잘 닦아 놓아야겠다는 생각을 가지고 행동에 옮겼다.

그리하여 힘을 뽐내던 장사들이 길 닦는 일을 시작함으로써 공사는 급속히 진행되었다. 석 달이 눈 깜짝할 사이에 거의 다 지나갔다. 부처님께서는 예정한대로 여러 제자들을 거느리고 비사리국에서 구시나라 성으로 최후의 전도의 길을 떠나셨다. 가는 도중에 여러 장사들이 비지땀을 흘리면서 길을 고치고 있는 것을 보셨다.

부처님께서는 무슨 생각을 하셨는지, 곧 초라한 수행자로 변하시어 장사들에게로 가셨다.

"동자들아, 너희는 거기서 뭘 하고 있느냐?"

평상시에 힘을 자랑해오던 장사들은 보기에 변변치 못한 수행자를 보고 눈을 부릅뜨고 일제히 달려들었다.

"뭣이, 우리를 동자라고?"

"그래, 동자라고 할밖에 없지 않느냐?"

"뭣이 어째! 우리를 동자라고 한다면 너는 얼마나 힘이 센지, 어디 바위를 움직여 보아라."

그들은 금시에라도 달려들듯이 주먹을 불끈 쥐고 눈을 부라렸다. 그러자 수행자는 눈도 깜박이지 않고 태연히 오른쪽 두 발가락으로 아주 수월하게 그 바위를 뽑아냈다.

장사들은 초라한 수행자의 힘에 기가 질렸다. 그들은 아까까지의 오만은 간곳이 없고 풀이 죽어있었다. 그래도 어떻게 체면을 유지해 볼까하여.

"수행자여, 바위를 뽑아 놓기만 하면 어떡하오? 사람이 오고 가는데 방해가 안 되도록 한쪽으로 치워 놓아야 하지 않겠소?" 하고 말했다.

그러자 수행자가 물었다.

"그런데 너희들은 무엇 때문에 이 길을 닦고 있느냐?"

"부처님께서 이 길로 구시나라 성엘 가시게 되어, 우리는 여러 날 전부터 이 길을 닦고 있는 거요."

"아, 그래, 그렇다면 이 바위를 치워주지."

수행자는 손을 뻗어 그 큰 바위를 들어 올려서 마치 조약돌을 던지듯이 공중으로 가볍게 내던졌다. 바위는 큰소리를 내며 높이 올라가 보이지 않게 되었다. 장사들은 어안이 벙벙하고 겁이 나서 그만 달아나려고 했다.

"동자들아, 두려워할 것 없다. 달아나지 마라."

"용서해 주십시오. 몰라 뵈었습니다." 하고 장사들은 고개를 조아렸다.

그러던 중 공중에 던져졌던 바위가 다시 큰소리로 떨어져 내려왔다. 모두들 어떻게 된 것일까 벌벌 떨고 있는데, 수행자는 빙글빙글 웃으면서 오른쪽 손바닥으로 가볍게 바위를 받았다. 그 교만한 태도는 더없이 공손해지고, 모욕은 존경으로 변했다. 그리고 그들이 공손히 물었다.

"수행자여, 이 바위는 영원히 있는 것입니까, 아니면 영원히 존재하지 않는 것입니까?"

수행자는 대답대신 그 큰 바위를 입으로 훅 불었다. 그러자 바위가 그대로 산산조각이 나 버렸다. 장사들은 정신이 나간 사람들처럼 멍하니 서 있다가,

"바위는 영원한 것이 아니구나."

하고 중얼거렸다. 그리고 그들은 평소에 힘센 것을 뽐내며 거만한 생활을 해왔던 것을 반성하고 재력이나 체력 따위는 필경 의지할 것이 못된다는 것을 깨닫고 깊이 참회했다.

부처님께서는 그들을 구원할 때가 되었다고 생각하시고, 초라한 수행자의 모습에서 자애가 넘치는 세존의 모습으로 되돌아오셔서, 그들을 위해 법을 설하셨다. 이렇게 하여 여러 장사들은 비로소 오랫동안의 미혹의 꿈에서 깨어나 착한 마음을 일으켜 가르치심을 마음속 깊이 믿고 몸으로 행하여 구도의 길을 떠났다.

이 세상의 모든 것은 한 순간도 그대로 있지 않고 끊임없이 변해간다. 그러나 우리들은 항상 어리석은 생각을 가지고 살게 된다.

재산이 좀 있다고 언제까지고 부유할 것처럼 남을 업신여기고, 지위가 높으면 항상 그 자리에 있을 것처럼 교만해지

고, 학문이 좀 있으면 죽을 때까지 자기의 학문이 제일인 것처럼 뽐내면서 살고 있다.

　무슨 일이 생겨서 언제 죽을지 모르는 일상생활이건만 자기만은 쉽게 죽지 않을 것이라고 생각하고 쾌락에 빠져들기 쉽다.

비법

　　　　　사시기도가 끝날 무렵 힘차게 법당 문을 열고 한 남자가 불쑥 들어왔다.

자세히 살펴보니 양구 땅 월명리로 인연을 맺게 해준 거사님이었다.

반야심경을 맨 마지막으로 독송을 하고, 커피를 마시면서 이야기를 나누었다. 항상 웃는 얼굴이어서 고민거리가 없는가 했더니 다니는 직장이 적성에 안 맞고, 집안의 보살님이 많이 아파서 걱정스럽고 힘들다는 하소연을 하셨다.

우리가 살고 있는 사바세계는 태어나고 살아가는 자체가

고통이다. 사업이 잘되면 안될까봐 걱정, 건강하면 병이 찾아올까봐 걱정, 돈이 많으면 없어질까봐 걱정, 있으면 있다고 근심하고, 없으면 없다고 고민하는 걱정과 고통거리가 많은 사바세계에서 슬기롭게 살아가는 방법은 강한 집착심을 놓아 버리고, 텅 빈 세계를 체득하려고 하는 노력이 필요하다.

이러한 습관을 들인 사람은 인생의 큰 위기가 닥쳐도 헤쳐 나갈 수 있는 능력이 생기게 되고, 난관이 나를 넘어뜨려도 끝내 오뚝이처럼 다시 일어나서 어려운 상황을 좋은 쪽으로 바꾸어놓는 전화위복(轉禍爲福)의 길을 만들어낸다.

점심을 먹고는 늘 다니던 산책길로 발길을 움직여 보았다. 중복날씨인 지금 덥지는 않았지만 비가 오려는지 습도 때문에 불쾌지수가 높았고, 몸에 끈적끈적한 땀이 흘러 상쾌한 기분은 들지 않았다.

산책을 마치고 돌아오는 길에 천연 에어컨에서 한참 찬바람을 맞고 있다가 집으로 돌아왔다. 요즘 좌선은 이상한 느낌이 든다. 정밀하게 공부를 지어가지 않았는데도 1시간이 1분 마냥 지나가는 것이다. 그렇다고 해서 염불이 1시간 30분

내내 서로 이어져 가는 것도 아닌데 말이다.

염불공부의 중요한 성취 포인트는 염불이 서로서로 끊임없이 이어져 가는 것이다. 그러나 그것은 말처럼 쉬운 일이 아니다. 화두는 강한 의정심에서 그 힘이 나와 끊이지 않고 화두가 이어져 마침내 하나로 만들어지지만, 염불은 부처님에 대한 생각생각이 이어져 나가야 한다.

염불은 가장 하기 쉽고 편안한 마음공부이건만 끝까지 공부하기가 어려워 중도에 포기하는 사람이 많다. 헤아릴 수없이 넓고 깊은 차원의 염불법문이기에 바른 신심과 계행 그리고 꾸준한 정진이 없으면 염불문 안으로 들어갈 수 없다. 염불법문이 끝없이 넓고 깊기 때문에 염불하는 방법도 각양각색이다.

그중에서도 우리들이 빠르고 확실하게 기대할 수 있는 방법이 칭명염불문(稱名念佛門)이다. 입과 마음으로 불보살을 생각하고 부르는 간절한 마음이 단 번에 부처님 본원력의 땅으로 들어가 나와 네가 둘이 아닌 융합된 나를 보게 하는 것이다.

염불이 잘되지 않을 때는 이 방법을 써도 좋을 듯싶다. 본

인도 공부가 잘되지 않아 고심하던 중 꿈에 한 스님이 나타나셔서 가르쳐준 방법이다.

"물결을 따라야 전진할 수 있다."

칭명염불을 힘없고, 간절한 마음 없이 하다간 잡념에 휩싸이기 쉽다. 그러나 물이 흐르는 모습, 물결이 끊임없이 흘러가는 상황에 마음을 두어 하는 염불은 지치지도 않고, 싫증도 사라지며 꾸준하게 이어져 큰 바다인 부처님 마음에 도착할 수 있는 것이다.

자아도취

　　아침공양을 마치고 마당 밖으로 나와 봤다. 아침공양이라고는 하지만 새벽에 밥을 먹는 것에 가깝다. 공양시간은 새벽 5시 20분.

　주위는 금방 잠에서 깨어난 듯 싱그럽고 새콤한 냄새가 코를 찔렀다. 안개 또한 아름다운 경치에 한몫을 더해 마음이 한결 산뜻해졌다.

　나는 이때를 놓칠세라 큰소리로 염불을 해나갔다. 염불소리는 부드러우면서도 강한 톤으로 퍼져나가 사명산을 뒤덮었다.

관세음보살 ~ 관세음보살 ~

5분여를 춤을 추며 염불을 하다가 양손을 번쩍 들어 산을 향해 관세음보살의 자비위신력을 받아 작은 벌레에서부터 산하대지까지 행복해지라는 마음을 실어 힘차고 간절하게 불렀다.

저 멀리 놀러 나오다 나를 지켜보던 다람쥐 형제가 이상한 몸짓과 큰소리에 놀라 걸음아 나 살려라 하며 줄행랑을 치고 있었다. 거기에 아랑곳하지 않고 동·서·남·북 네 방향으로 차례차례 돌아가면서 삼라만상의 행복을 기원했다.

모든 것을 이해하고 사랑하겠다던 시련 많은 젊은 스님에게 지금 이 순간만큼은 모두가 아름답게 보였다. 또한 태극권에 맞추어 하는 염불은 새로운 불교를 찾겠다던 스님에게 새로운 수행법으로 안성맞춤이라는 자신감도 갖게 되었다.

산속이라 보이는 곳마다 잡초가 무성하다. 뽑고 뽑아도 어느 순간 다시 자라난 잡초, 가장 인상적인 순간은 비가 내린 다음날 소복이 올라온 풀들이 악마처럼 '뽑으라면 뽑아보라지' 하며 버티는 강한 존재로 다가온 것이다.

올 여름 내내 제초작업으로 분주할 것 같다.

관음신앙

점심시간이 조금 지나서 아랫집 노 보살님이 찾아오셨다.

고맙게도 밤새 세차게 내린 비 때문에 걱정이 되셔서 올라오셨단다. 노 보살님 말씀이 전국이 국지성호우 때문에 난리가 났다고 하면서 한국도 이제는 서서히 아열대지역 날씨를 띤다고 이야기를 하셨다.

내가 자란 어린 시절에도 이렇게 심한 폭우는 없었던 걸로 기억을 한다. 지금 우리가 살고 있는 지구는 어제의 지구가 아니라 많은 기후변화가 찾아오고 이상 징조가 나타나는 변덕스러운 지구가 되어 버린 것이다.

한쪽에서는 물난리가 나서 고통스럽고, 또 다른 나라에서는 폭설 때문에 나라가 마비 상태에 빠져 있기 때문이다. 천재지변에 강한 것은 아무것도 없다. 이런 하루아침의 앞날을 모르는 천재지변이 쉼 없이 찾아오는 시대에 우리는 어떻게 살아가야 할까?

어릴 적 시골아이들이 모여 놀 때 한국에서 전쟁이 다시 일어나면 제일 먼저 슈퍼로 달려가 먹을 것을 많이 챙기겠다던 철없는 아이의 말처럼 무법천지의 방랑자로 살아야 하나. 아니다, 내일 지구가 멸망하더라도 한 그루의 사과나무를 심겠다는 희망적인 인생을 살아나갈 것인가.

인생이란 두 갈래의 길을 놓고 하나만을 결정해야 하는 복잡하고 번민한 일들의 연속이다. 그러나 선택은 자신이 하는 것이고, 책임도 뒤따르는 것이다.

불교에서는 천재지변을 대처하는 방법으로 관세음보살의 위신력을 믿고 그 명칭을 일심으로 부르라고 가르친다.

관음신앙이 한치 앞도 모르는 재난과 재앙이 닥쳐올 지구에서 살아날 수 있는 방법을 제시하고 있다. 관세음보살이란 모든 사람이 고난과 고통을 받을 때 일심으로 그 명호를 부르면 관세음보살은 곧 모두에게 고통에서 벗어난 해탈을 얻게 한다고 하였다. 물·불·바람의 엄청난 삼재의 재앙은 흩어져 없어지고, 바로 깨달음을 성취할 수 있는 관음염불은 이 시대의 위기와 고통에서 벗어날 수 있는 가장 확실한 방법이다.

어찌 자연의 재앙뿐이겠는가. 삶의 현장에서도 어려움에 처한 우리들을 보살피고 구원해 주셔서 훤한 앞길을 비춰주기도 한다. 관세음보살은 신앙이면 신앙, 수행이면 수행, 실천이면 실천 어느 것 하나 우리들을 실망시키지 않을 것이다.

우리들이 관세음보살님의 위신력을 믿을 때 마음의 병과 현실의 고통은 눈 녹듯 사라지고 미래 인간의 모습인 자비와 지혜를 겸비한 뛰어나고 아름다운 사람이 되어있을 것이다.

어린 시절

　　　　　　이번 폭우로 작게 파인 실개천 때문에 도랑 안에 흙이 많이 쌓였다. 삽으로 쌓였던 도랑의 흙을 퍼내니 도랑이 많이 깊어졌다. 도랑 치고 가재 잡는다고 하는데, 우리 도랑에는 가재가 없었다.

여름의 후덕 지근한 날씨가 이어져갔지만 잠자리가 날아가는 모습에 더위도 놓아버리고 싶고, 맴~ 맴~ 하는 매미울음소리에 시원한 그늘에 들어가서 책 읽을 생각을 해본다.

초등학교 여름방학 숙제엔 언제나 곤충수집이 들어있었다. 친구들과 잠자리채를 만들어 들로 산으로 뛰어다니다 보면 나비, 방아깨비, 메뚜기, 잠자리들이 제법 많이 보였다. 꼬리가 빨간 고추잠자리, 연못가에서 많이 보이는 연두색의 왕잠자리… 왕잠자리 한 마리를 어렵게 잡으면 친구들의 부러움을 샀던 그 시절. 그러나 하루 핀으로 몸통을 꽂을 때면 무서움을 먼저 느꼈던 방학숙제.

친구들과 미역을 감으러 개울가로 뛰어가면서 밭으로 몰래 들어가 토마토와 참외를 서리하고 고추를 내놓고 수영을 하곤 했었지. 서리해온 과일을 장난감 삼아 물에 띄어놓고 잠수를 하다가 그만 개울물을 삼켜 캑캑 거리며 괴로워했던 개구쟁이. 피라미를 잡겠다고 나보다 더 큰 반도를 개울물에 담갔지만 한 마리도 잡지 못해 울었던 아이. 이제 그런 시절이 나에게 다시 찾아올까.

아무 생각 없이 친구와 노는 것이 좋아 하루도 쉬지 않고 빨빨거리고 돌아다녔던 나의 어린 시절. 옷 버려서 혼나고, 친구들 다치게 해서 혼나고, 아버지 주머닛돈 훔쳐서 혼나고, 그랬던 아이가 이제 중년의 나이가 됐으니….

빛나게 세상을 제도하며 살아가라는 이름의 혁제(赫濟). 그래서 스님이 됐던가.

오랜 세월의 밑바닥 생활을 뒤로하고 자신의 허물을 벗어 던져 마침내 오묘한 빛을 뿜어낸 매미, 그 매미가 찌는 듯한 더위를 잊게 하는 음성공양을 베풀어 사람들을 기쁘게 하듯이 나도 이제 개구쟁이 생활을 정리하고 훤칠한 대장부로 다시태어나 모든 사람에게 행복과 희망을 안겨주는 산 할아버지가 되련다.

상대성

밖의 일을 보러 산등성이를 넘어 20년이 다된 나의 자동차를 몰고 시원스럽게 산 아래로 내려갈 즈음 짚 따는 냄새와 이상야릇한 냄새가 풍겼다. 그것은 다름 아닌 짚으로 개를 그을리는 냄새였다.

순간 이맛살이 모아지며 내뱉는 말. 허 허 사람들 하구는….

휴가철이라 사람들이 계곡으로 들어와 이러한 짓을 벌이는 것이다. 사람들과 친한 동물들을 잡아먹는 잔인한 짓은 언젠가는 내가 그 모습으로 태어나 꼭 갚아야 된다는 사실을 명심해야 된다.

특히 불가에서는 개를 친근히 여기는데 그것은 개가 사람들 주위에 늘 붙어 다니기에 전생에 부모가 환생하여 나의 곁에 있는 것이라 여기고 있다. 나의 부모를 잡아먹는다고 생각을 해보라. 끔찍한 일이 아닌가.

일을 보고 돌아오는 길에 옆 계곡인 당골로 들어가 보았다. 그곳도 이곳 만치 경치가 좋아보였다. 구경을 하고 집으로 돌아와 보니 전기계량기를 달아놓은 것이 아닌가. 계량기를 보는 순간 뿌듯한 전율이 울려왔다.

사람의 일은 좋은 일만 일어나지 않는다. 그렇다고 해서 나쁜 일만 일어나지도 않는다. 그래서 일이 잘 풀린다고 해서 방심해서는 안되며, 뜻대로 되지 않는다고 해서 한탄만 하면서 살 수도 없다.

좋은 일 뒤에는 항상 나쁜 상황들이 찾아온다. 햇빛이 있으면 그늘이 따라 다니듯이, 손바닥과 손등이 함께 붙어있는 것처럼 세상은 상대성 진리에 벗어나는 것이 없다. 그렇기 때문에 이 세상은 칭찬만 받고 살 수 없으며, 비난만 받고도 살 수 없다.

석가모니 부처님이 그랬듯이….

운명

운명은 정해져 있는 것인가.

우리들은 태어날 때 저 마다 다른 모습으로 태어나고 자라는 환경도 다르다. 같은 부모에게 태어난 자식들은 언어, 습관, 행동이 비슷하고, 인생의 항로가 부모와 크게 다르지 않다. 부모님에게 인생 유전자를 받고 태어나는 것이다. 뛰어나고 우월한 유전자를 받고 태어날 수 있는 반면, 대물림 되는 유전자 병을 받고 고통스럽게 삶을 살아가는 경우도 있다.

이렇게 볼 때 운명은 정해져 있고, 바꾸지 못할 것으로 보인다. 그러나 유전자를 전생에서부터 자신이 만들어 왔고,

스스로의 행동이 결정된 운명을 뒤집어쓰는 것을 알 때 운명은 또한 바뀌질 수도 있음을 알 수 있다.

조각가가 다듬어지지 않은 재료를 온 마음, 온 정성으로 땀을 흘리며 만지고 다듬질을 할 때 명품 조각상이 나오듯이 우리들의 인생도 조각가처럼 나를 다듬고 만들어내지 않으면 운명은 정해져 있는 길로 흘러간다. 그러기 때문에 운명은 자신이 만들어 가는 것이다.

하루하루 무의미하고 될 대로 되라는 부정적 삶은 어두운 터널의 인생운명으로 자신을 몰아가는 것이고, 하루를 열심히 살고 자신의 꿈과 운명을 개척하는 사람은 밝은 햇빛이 비치는 인생운명의 길로 나를 내놓는 것이다.

전자는 인생의 패배자요, 후자는 삶의 승리자다.

운명을 바꾸는 일은 쉽지 않다. 그것은 나를 구성하고 있는 세포들을 바꾸는 일이기 때문이다. 말, 행동, 생각을 바꾸어서 살아있는 상태에서 다시 태어나야 한다. 이렇게 할 수 있을 때 인생의 주인공은 자기 자신이 될 수 있는 것이다.

만물은 하나가 되어 움직이지만 실은 하나가 아니라 각자 각자에서 흘러나온 에너지의 절묘한 인연법에 의해 서로 방해됨이 없이 돌아가는 것이다. 우리들의 운명도 전생부터 만들어 놓은 에너지에 의해 운명이 굳어진 것이지, 내가 만들지 않았다면 우리의 운명은 없는 것이다. 그렇다. 각자의 운명을 만들지 않는 것이 최고의 길을 가는 것이고, 그 다음은 자신의 운명을 개척해 나가야 하는 것이다.

구름은 형상이 없다. 주위의 여건에 의해 만들어질 뿐이다.

우리들의 인생도 좋은 땅과 좋은 씨앗과 알맞은 햇빛이 갖추어지면 오로라와 무지개가 뜨는 아름다운 인생을 살아갈 수 있는 것이다.

YES

요즘 내가 잘 듣는 말이 있다. 관공서를 찾아가 행정신청을 하거나 사람들에게 무엇을 물어보면 '아닙니다', '안됩니다.' 즉 'NO'라는 소리를 많이 듣는다. 신청하는 사람이 어렵고 까다로운 주문을 해서 'NO'를 외칠 수 있겠지만, 그런 것이 아니라 무조건 'NO'를 해보는 심사 같다.

상대방과의 대화에서도 들어주는 사람이 '아닙니다', '틀렸습니다'만 말한다면 그것은 대화를 떠나 개인적인 감정으로 번지기 쉽다. 그러나 '그렇습니까?', '예 맞습니다'를 외치는 사람은 주위사람들로부터 좋은 사람이라는 인정을 받게 되고, 가까운 친구로 여기게 된다.

가만히 생각해보라. 일상생활에서 우리는 'YES' 보다는 'NO'를 많이 듣는다.

'YES'는 사람의 마음을 움직일 수 있다. YES는 삶을 매끄럽게 살아갈 수 있게 하는 윤활유이다. 그래서 YES는 칭찬과 같이 고래를 춤추게 하며, 만물을 길러내는 원동력이 될 수 있다. YES는 상대방과 나의 벽을 허물어트리는 형상이 없는 도구역할을 해낸다.

YES를 많이 말하는 사람은 영혼이 맑고, 마음공부를 해서 더러운 때를 많이 벗긴 사람들이다. 그렇기 때문에 수행자들은 입에서 NO의 부정적인 답변이아니라 YES라는 긍정적인 대답이 나와야 한다.

밝은 웃음과 점잖은 입에서 나오는 YES는 미친 사람의 마음도 열게 만들어준다.

아저씨

아랫집 할아버지 식구들이 휴가철을 맞이해서 목넘어 계곡으로 피서를 온 모양이다.

절 입구에 중년여자 한 분이 올라오셨기에, "차 한 잔 하시고 가세요!"라고 말하자, 얼른 아래에 살고 있는 할아버지의 큰 딸이라고 알려주셨다.

잠시 후 형제·자매들도 올라오셔서 함께 차를 마셨다.

큰 따님은 교회를 다니는 분이셨는데 불교가 사주를 알아맞히고 역학으로 인생을 푸는 종교로 알고 있었다. 나는 단호히 잘못 알고 계신 것이라 말씀을 드렸다.

불교를 잘 모르는 분들은 대부분이 사주팔자를 보고, 철학을 하는 종교로 알고 있다. 고차원적인 진리의 종교가 격하되고 폄하되는 것은 스님들도 한몫을 한 것이 아닌가 하는 생각에 가슴이 저며 든다.

불교는 누구나 갖고 있는 불성(佛性)을 찾는 수행을 통해 이웃과 행복을 나누고, 지혜를 발명(發明)하여 생로병사를 해결하고 평화를 이루는 이 세상에 둘도 없는 위대한 종교다.

차를 마시면서 조주스님의 끽다거(喫茶去)를 주제삼아 불법의 뛰어남에 대해 이야기를 나누었다.

조주선사가 막 도착한 객승에게 물었다.
"그대는 일찍이 이곳에 와 본적이 있는가?"
객승이 말했다.
"예, 와 본적이 없습니다."
"그래. 그러면 차 한 잔 들게나(喫茶去)."
다시 조주선사는 다른 스님에게 같은 질문을 하였다.
그러자 그 스님이 말했다.
"아니오. 와 본적이 있습니다."
그러자 조주선사가 말했다.

"그래. 그러면 자네도 차 한 잔 들게나(喫茶去)."

그러자 이 이야기를 들은 원주스님이 이를 의아해하며 조주선사를 찾아뵙고 여쭈었다.

"어째서 스님께서는 와 본 적이 있는 사람에게도 차를 권하고, 와 본적이 없는 사람에게도 똑같이 차를 권하시는 겁니까?"

그러자 조주선사는 "원주야!" 하고 원주를 불렀고, 원주는 "예!" 하고 답했다.

그러자 조주스님이 말했다.

"원주, 그대도 차 한 잔 들게나(喫茶去)."

오후에는 읍내 마트에서 필요한 물품을 사고 있는데, 어떤 아주머니가 나를 가리키며 아저씨라 부른다. 그 전 같아서는 한 마디 해주었을 텐데, 이제 아저씨라 불러도 마음은 별다른 감정은 없다. 출가해서 처음 듣는 단어 아저씨.

길가에서 꼬마들이 나를 보면, "야! 부처님이다. 스님이다" 하면서 인사를 하는데 "아저씨"라니. 스님들이 중노릇을 잘 하면 중으로 부르건, 아저씨라 부르건 친근한 단어가 될 수 있을 텐데 말이다.

오늘 하루는 나로 인해 불교가 초라해지는 느낌을 가졌다.

포교

아침마다 각기 다른 한 폭의 그림을 감상하며 살아가는 것은 산골오지에서 사는 큰 혜택이라 생각된다. 돈으로 환산한다면 엄청날 것이다. 그것은 매일 아름답고 재미있는 명화를 바라보기 때문이다.

이곳으로 들어온 지도 넉 달이 넘어갔다. 사람이란 혼자서 살아갈 수 없듯이 오지에 들어와서도 최소한의 사람과 왕래도 있어야 하고, 마을 사람들의 친분과 불교포교를 위해 관음선원을 알리기 위해서 사람들을 만나는 일들을 해야만 한다. 일단 절이 있는 곳으로 들어오면 밖으로 나가고 싶은 마음이 생기지 않지만 부득이한 사정이 있으면 나가서 활동을 한다.

몇 달 전부터 압박을 가해왔던 경제적 숨통도 이젠 조금 나아졌고, 꾸준히 기도를 한 덕분에 도량도 안정을 찾아가는 것 같다.

처음 이 땅에 와서 느낀 것은 도시와는 전혀 다른 삶의 방식을 선택하여 사람들이 살아간다는 것이다. 자신만의 독특한 삶을 살아가는 이들에게 어떻게 불교를 알릴 것인가? 도인의 냄새도 갖고 있는 그들에게 무엇을 가지고 어떻게 부처님 말씀을 전할 것인가.

"관세음보살님에게 그만 달라 하고 참선하자"고 하는 나의 법문에 신도들이 포교당 출입을 끊어버린 아픈 추억을 갖고 있기에 나는 더욱 조심스러워진다.

석가모니 부처님께서도 중생의 근기에 맞추어 아함경을 말씀하셨고, 원효스님도 민중에게 불교를 알리기 위해 자신의 벽을 무너뜨려 걸림 없는 노래를 부르며 '나무아미타불 관세음보살'을 가르치지 않았던가.

이제 나도 서서히 들어앉아 있는 불교에서 모든 이들의

친구가 되고, 그들을 받들어 모실 수 있는 하심불교(下心佛敎)·칭찬불교(稱讚佛敎)로 다가가 그들의 상처 난 마음을 치료하고, 응어리를 풀어주며 나와 너의 영혼이 정화된 신령스러운 연못에서 물놀이도 하고 밥도 끓여 먹을 수 있는 천진하고 무심한 스님이 될 것이다.

마장

밤마다 나와 전쟁을 치르는 존재가 있다.

그것은 다름 아닌 나방들이다. 이 나방들은 창문을 닫아놓아도 어떻게 어디서 어떤 방법으로 들어와 있는지, 저녁 기도를 끝내고 불을 켜보면 방안에 옹기종기 붙어 있다가 팔랑거리며 반갑지 않지만 나를 반겨준다. 또 나방들은 창틀에 떨어져 전사를 하는데, 비가 오고난 후 며칠 동안은 빗물과 섞여서 썩는 냄새가 진동을 하니 나방 죽은 것을 치우는 것도 고역이다.

또 하나는 청개구리이다. 어렸을 때 청개구리를 죽이면 비가 온다는 말을 무섭게 들은 나는 청개구리가 보이면 무척 조심스럽다. 가끔씩 목탁소리에 맞춰 들려주는 청개구리 울음소리는 오감을 시원하고 즐겁게 해주지만 방에 들어와 밤잠을 깨우는 데는 요놈 소리가 저절로 나온다.

그런데 청개구리란 놈이 특별한 능력이 있는 것 같다. 들어갈 틈이 별로 없는 전기계량기 안이나 작은 구멍으로도 어떻게 들어가 찰싹 붙어있는지 연구할 부분이 많은 대상이다.

공부가 깊어지고 잘되어 가면 장애가 나타나기 시작한다. 물론 업장이 두터운 분들은 처음부터 공부를 방해하는 장애가 일어나지만 공부에 진취가 있을 때 장애가 일어난다. 이것을 전문적으로 마장(魔障)이라고 한다.

'마장이 찾아왔다고 무섭게 생각하거나 두렵게 여기지 말기를 당부한다.'

장애가 닥쳐오면 힘들고, 지치고, 무섭지만 이 장애가 지나가야지만 도가 굳어지고, 익어지는 줄 알면 마장은 나를 괴롭히는 것이 아니라 스승이 될 것이다. 그러나 장애를 이겨내지 못하면 패전병처럼 힘없이 물러나 병을 얻어 영 사람을 버리게 되니 마장을 대처하는 법을 알아야 한다.

장애는 크게 마음에서 오는 심마(心魔)와 바깥 대상에서 오는 외마(外魔)로 나누지만, 대부분 자기 마음에서 일어난 잡념이 집착심을 낳게 하여 조그마한 바늘구멍을 통하여 마구니가 침범을 하게 되는 것이다. 수행자의 마음이 바르고 굳건하다면 마구니가 들어오지 못하는 것이다.

마음이 바르지 못하고 번민에 싸여 삿되고, 행동 또한 어그러질 때 마구니 가 쳐들어오는데 나의 가장 약한 부분을 먼저 공격한다. 또 마장이 깊어지면 백약이 효과가 없으나 오직 부처님의 진리만이 장애에서 빠져나올 수 있는 명약이 될 수 있다.

수행 중에 찾아오는 장애나 마구니에 대한 나의 대처법에 대하여 말씀 드리려고 한다. 나는 『금강경』 사구의 게송 중 맨 마지막에 나오는 부분으로 마장을 대처한다.

"일체유위법(一切有爲法)이 여몽환포영(如夢幻泡影)이며 여로역여전(如露亦如電)이니 응작여시관(應作如是觀)하라.

일체 현상계에서 생멸하는 존재는 꿈이며, 환이며, 물거품이며, 그림자 같고, 이슬 같고, 번개 같으니 마땅히 이와 같이 볼지어다."

나는 부처님 마음과 같은 청정한 깨달음 안에 있는 것이고, 마구니들은 이슬과 물거품 같은 존재이다. 나의 마음을 일으키지 않는다면 염라대왕도 찾지를 못하거늘 일개 마구니가 나를 어찌할 수 없는 것이다.

이 부처님의 말씀은 모든 장애를 물리치고 깨달음으로 나아가는 지름길인 것 같아, 많은 분들에게 도움이 됐으면 한다.

명상

아침에 마당 위에 놓여있는 의자에 앉았다. 자연적으로 눈이 스르르 감겼다.

눈은 감았어도 태양이 올라온 시간이라 눈 속은 그렇게 어둡지 않았다.

아무것도 보이지 않는 적막한 이에게 힘차고 멋스러운 소리가 울려 퍼졌다.

좌측에서는 마치 스테레오 스피커에서 울리는 착각을 일으킬 정도로 매미울음소리가 규칙적이며, 공간속으로 울려 퍼지는 것이 자신의 목소리를 만들기 위해 많은 세월을 투자

한 것이 역력하였다.

　우측에는 풀벌레와 베짱이들이 오케스트라 연주처럼 자신의 악기를 뽐내며 깊은 삼매 안에서 이 계절이 지나면 다시 찾아오지 못할 한 철이기에 아름다우면서 고집스럽게 주위의 귀들을 모두 끌어모았다.

　양쪽의 음악을 감상하고 있으니 저 멀리서 쩌벅 쩌벅 군인들의 행군하는 발소리가 들리더니 곧 바로 나의 눈앞에까지 들려왔다.

　우르릉 구르릉~ 쏴 쏴~ 옆 계곡에서 끊임없이 흐르는 계곡물소리가 백만 대군의 위엄 있는 화엄신장이 되어 끝없는 세월동안 이 도량을 지켜주겠노라 외치며 청룡이 다니는 길을 따라 변화무쌍한 자태를 드러내 보였다.

　그 사이 잠깐 눈을 떠보니 앞에 서있는 전봇대 아저씨와 잣나무 아주머니가 나를 반갑게 맞아 주었다.

　마침 그 앞을 지나가던 잠자리 동자들이 '무엇을 하시냐'고 묻기에, '명상삼매에 잠겨있다 나왔다'고 하니, '우리들도 가르쳐 주세요!' 하며 졸라댄다.

　다시 잠자리 동자와 나는 매미와 베짱이의 연주 속에서 마음 따뜻한 커피를 마시며, 화엄신장의 행군소리에 귀를 기우리니 아기 무당벌레가 방긋 웃음을 지어준다.

  그 찰라 태양은 하늘 높이 솟아올라 모든 이들을 평등하게 비쳐주고 있었다.

원효야!

　　　　　원효대사가 인적이 드문 산골을 지날 때였다. 오래 걸어서 지치고 날도 저물었으므로 마침 그곳에 있는 작은 절을 찾아들어가서 부탁을 해보았다.

"소승은 이름 없는 떠돌이 중이온데 며칠 묵고자 합니다."

원효는 자신의 신분을 감추고 스님에게 깍듯이 예를 갖추어 합장을 했다. 주지스님은 원효를 찬찬히 바라보다가 고개를 끄덕였다.

"원하는대로 머무르게. 객승이라도 놀고 먹는 법은 없으니까 우리가 손해 날것은 없지."

자유와 행복을 여는
지혜의 문

깨달음의 대중화 · 깨달음의 생활화 · 깨달음의 사회화

책 나눔은 최상의 공덕!

붓다께서는 "일체 중생에게 복을 보시하여도 한 사람에게 진리를 전하는 법보시(法布施)가 더 훌륭하다"고 하셨습니다. 군법당, 교도소, 종교·복지시설 등에 책을 법보시 하거나 49재 또는 대중법회에서 법공양 하실 경우 특별할인 해 드립니다.

(문의: 02-2632-8739)

■ 도서출판 비움과소통에서 나온책들

있는 그대로 보아라

— 오늘도 부처가 부처를 만나고 있습니다
— 여실지견 · 조고각하의 생활선 지침서

허정스님 지음 | 신국판 | 2도 | 360쪽 | 15,000원

"있는 그대로가 평등이고 보이는 그대로가 진리입니다."

부처님 최후의 진실한 가르침인 법화경과 불자들에게 가장 인기 있는 법문인 보왕삼매론, 알송달송한 선(禪)을 주제로 한 허정스님(파주 약천사 주지)의 생활법문들은 살며 사랑하고 깨우쳐가는 행복한 불자가 되는 길을 명쾌하게 제시한다.

구하지 않는 삶
그 완전한 자유

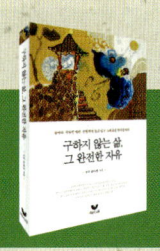

윤기붕 지음 | 신국판 | 칼라 | 416쪽 | 14,000원

목마르지 않는 자는 '지금 여기'
있는 그대로 완전한 자유를 누린다

"놓아라! 구하지 마라! 있는 그대로를 수용하라!'
삶속에서 자유와 행복을 얻은 한 구도자의 체험기! 극도의 우울증으로 수없이 자살을 생각했던 저자는 치열한 고민과 구도(求道)의 과정에서 그러한 생각의 허망한 속성을 깨닫고 마침내 자유를 얻어, 그 행복을 독자들과 나누고자 한다.

허공을 부수어라
— 묵산선사 반야심경·금강경 법문

묵산스님 지음 | 신국판 | 흑백 | 272쪽 | 13,500원

"우주를 창조하고 삼라만상을 운전하는 그대가 공왕여래다"

92세의 조계종 원로 선사인 묵산스님(보림선원 조실)이 수행체험을 바탕으로 반야심경과 금강경을 한 권의 책에 동시에 강설했다. 스님은 반야(般若: 지혜)와 공(空)사상을 독창적인 혜안으로 해설하고 깨달음의 안목을 게송(선시)으로 드러내고 있다. 스님의 참선법문은 요즘 불서에서는 볼 수 없는 창조적이고도 확신에 찬 깨침의 사자후(獅子吼)이기에 마음공부 하는 이들에게 큰 발심을 줄 것이다.

죽음을 맛보지 아니하리라
— 비극에서 마법으로(The Secret Sayings)

박동덕 지음 | 신국판 | 칼라 | 488쪽 | 19,500원

"이 말씀들을 올바로 풀 수 있는 자는 결코 죽음을 맛보지 아니하리라."

예수님의 비밀스런 깨달음과 가르침이 담긴 도마복음을 위빠사나 명상으로 읽은 책. 다큐멘터리 PD로 활동 중인 저자가 임사(臨死)체험을 한 경험을 바탕으로 114절에 이르는 도마복음의 각 절을 자신만의 고유한 시각으로 해석했다. 저자는 도마복음을 관통하는 예수의 질문이 바로 어떻게 하면 그 나라(시·공간을 넘어선 불생불멸의 세계, 깨달음의 세계)에 들어갈 수 있는 가에 대한 질문의 연속이라는 관점을 제시한다.

다라니 수행
― 신묘장구대다라니경 강설

일산법상 지음 | 신국판 | 컬러 | 344쪽 | 15,000원

다라니 수지자는 광명의 깃발·신통의 창고!
첫 진언수행 지침서이자 '긍정의 힘' 사용설명서

〈신묘장구대다라니경〉을 해설하고 구체적인 수행법과 수행효과 등을 체험적으로 기록했다. 대다라니 수행중에 '아공(我空)'을 체험한 덕양선원(cafe.daum.net/zeol) 선원장 일산(一山) 법상스님은 "신묘장구대다라니 수행으로 창조력, 삼매력, 자비심, 용맹심이 확연히 드러나기 때문에 본성의 무한한 잠재능력을 일깨울 수 있다"고 강조한다.

치과의사가 들려주는
선을 통한 인생경영

최우환 지음 | 국판 | 컬러 | 280쪽 | 14,000원

무한한 불성의 힘, 믿고 깨달아 쓰는 법
참선·금강경 독송의 힘으로 풀어낸
더불어 행복한 성공전략!

마음공부와 인생경영이란 두 가지 과제를 선(禪)으로 풀어낸 자기계발서. 저자(최우환 궁플란트치과 대표원장)가 조석으로 《금강경》을 독송하고 좌선 하며, 보살행을 실천한 힘을 바탕으로 바쁜 치과의사 생활을 하며 살아온 나름의 성공 노하우를 불교적 관점에서 풀어냈다. 분주한 현대인들의 마음에 삶의 여유와 잔잔한 행복, 참된 성공에 대한 자신감이 스며들 수 있도록 실질적인 도움이 되도록 엮었다.

다음날부터 주지스님은 원효에게 청소와 장작 패는 일, 그리고 공양 짓는 일을 시켰다. 어느덧 한 달이 지났다. 원효가 보기에 학승들은 각자 책을 지키고 앉아 열심히 외고는 있으나 머리로는 전혀 이해하지 못하는 것 같았고, 주지스님은 날마다 방에 누워 빈둥빈둥 누룽지만 먹는 게으름뱅이였다.

원효는 서서히 부아가 치밀었고, 이런 곳에 있는 자기가 한심하게 느껴졌다.

'내가 누군가, 원효가 아닌가.'

생각 끝에 절을 떠나기로 결심했다. 그가 떠날 채비를 하자 주지는 이렇게 성실하게 일 잘하는 객승은 처음이니 더 머물다 가라고 한사코 붙잡았다. 주지스님의 만류에 못 이겨 주저앉은 그는 이름을 감추면서도 '내가 원효인데' 라는 마음을 지닌 채 3년이라는 세월을 보냈다.

절의 학승이나 주지스님의 행태는 예전이나 지금이나 하나도 달라지지 않았다. 더구나 자기와 같은 고승을 알아보지 못하는 것에 더 이상 참을 수 없어 어느 날 모두가 잠든 새벽에 줄행랑을 쳤다. 그가 막 산마루를 벗어났을 때 어두운 새벽공기를 가르는 외침이 있었다.

"원효야!"

그것은 자기를 부르는 주지스님의 다급한 목소리였다.

한때 한 경계를 이루었다 생각하고 전국을 집삼아 여행을 한 적이 있었다. 그러다 선원장 스님에게 붙들려 소임을 살게 되었는데, 그 스님은 나를 알아보는지, 못 알아보는지 깐죽깐죽 거리며 놀리고 이용만 하는 것이었다.

하루는 밤 12에 자신의 말을 따르지 않는다고 화를 내는데 거기에서 나는 더 이상 참을 수 없어 원효스님처럼 새벽에 짐을 챙겨서 나왔다.

그후 '나'라는 상(相)을 죽이고 없애 버리려고 노력을 해왔으나, '나'라는 것이 쉽게 없어지지 않았다. 지난날을 돌아보는 이야기가 있어서 글을 옮겨보았다.

융합

　　사람들처럼 감정기복이 심한 종류도 없을 것이다. 어느 때는 세상을 다 얻은 것처럼 활기차고 웃음을 머금고 지내지만 그 짧은 시간만 지나면 그런 모습들은 찾아볼 수 없고, 얼굴이 굳어 있으며, 불만에 찬 표정을 짓기도 한다.

　내가 언제 적부터 이런 취미가 있는지는 잘 몰라도 나는 사람들을 관찰하는 것을 좋아하는 것 같다. 사람들의 얼굴 표정과 마음 쓰는 것을 관찰하다 보면 내가 그 사람 속에 들어앉아 있다는 생각마저 들기도 한다. 이런 엉뚱한 취미는 대중생활에 도움을 주기도 한다.

처음 출가해서는 고지식한 성격 때문에 대중과 어울리기를 꺼려하고 나의 마음에 들지 않는 상대는 차단해 버렸다. 그렇기 때문에 수행도중에 바랑을 싸고 새벽녘에 절집을 나서는 일을 되풀이할 때도 있었다. 이런 생활을 하다 보니 이력이 생겨서 나도 모르게 주위 상황에 맞춰 나를 만들어가게 되더라.

세상을 바꾸는 것이 아니라 바꾸어지는 세상에 나를 내놓고 만들어가니 사람들과의 대립은 사라지고 그 사람을 이해할 수 있는 능력이 생기더라.

이것을 전문적으로 말하면 융합(融合)이라고 말할 수 있다. 나와 다른 것들을 배척하지 않고, 나와 너를 구분하지 않으며, 선도 아니고 악도 아닌 선과 악이 결합된 하나의 진리의 결정체. 하나로 결합되어 있지만 각자의 개성이 살아있는 세계.

거대한 국가 안에 여러 나라들이 녹아서 나의 나라, 너의 나라의 구별이 없고, 민족의 차별이 없는 하나로 합쳐지는 세상. '우리'라는 말은 융합을 표현할 수 있는 대표적인 단어이다. 이런 융합사상이 글로벌시대에 세계를 하나로 묶어서 이끌어 갈 바른길일 것이며 사상일 것이다.

기도 회향이 끝나고 선방이 해제가 되면 저잣거리로 나가 사람들을 관찰하고, 표정을 하나하나 읽어내면서, 나의 마음을 들여다보고 공부를 점검하던 까까머리 중.

십여 년 전 여름 하양시장 길거리에 삶은 옥수수를 파시던 할머니. 내가 옥수수를 사자 "아이고! 스님이시네" 하며 잘생긴 옥수수 하나를 더 주시던 마음씨 좋은 그 노 보살님은 지금도 살아 계실까.

아직은 습도가 높고 뜨겁지만 들판의 곡식과 산사의 식물들에게서 조금씩 열매가 맺혀지고 익어가는 소리가 마음속에서 울려 퍼지는 것 같다.

신심

『화엄경』'현수품'에 이러한 말씀이 나온다.

'신위공덕모(信爲功德母)

믿음은 도의 근원이며 공덕의 어머니라.

장양일체선법(長養一切善法)

모든 선법을 길러낸다.'

부처님의 가르침을 믿고 의심하지 않으면 물러나지 않는 마음의 경지를 얻고 성불한다고 하였다. 「대지도론」에서는 부처님의 대도에 들어가는 것은 오직 믿음으로만이 가능하다고 말씀하셨다.

일평생 살면서 부처님의 가르침에 대한 믿음이 변하지 않을 수 없지만 요즘처럼 도(道)보다 돈이 우선인 시대에 살고 있는 우리로서는 믿음을 확고히 다지는 것이 제일가는 수행인 것 같다.

어떠한 상황에 처해 있더라도 믿음이 굳건하다면 사과나무에 열매가 주렁주렁 달리듯이 아침에 먹는 능금처럼 유익한 공덕을 만들어낼 수 있을 것이고, 달콤새콤한 꿀물이 흐르는 복을 맛있게 먹을 수 있을 것이다.

부처님과 스승에 대한 믿음 하나만으로 깨달음을 얻은 스님의 이야기를 들려주려고 한다.

통일신라 말. 비단 장사를 하면서 홀어머니를 모시고 살아가는 한 청년의 이야기이다. 어느 날 비단을 짊어지고 오대산 진고개에 이르렀을 때, 길 옆 풀숲에 서서 꼼짝을 하지 않는 노스님 한분을 발견하게 되었다. 이를 이상히 여긴 청년은 노스님 곁으로 다가가 여쭈었다.

"스님, 이곳에서 무엇을 하고 계십니까?"
"중생들에게 공양을 베풀고 있는 중일세."
"어떤 중생에게 무슨 공양을 베푸십니까?"
"옷 속에 있는 이와 벼룩에게 피를 먹이고 있네."
"그런데 왜 그렇게 꼼짝도 않고 서 계십니까?"
"내가 움직이면 이나 벼룩이 피를 빨아먹는데 불편할 것이 아닌가."

 말을 끝낸 노스님은 발걸음을 옮겼고, 스님의 말씀에 큰 감동을 받은 청년은 자신도 모르게 스님의 뒤를 밟고 있었다. 이윽고 오대산 동대 밑의 관음암에 도착한 스님은 청년을 돌아보며 물었다.

"어인 일로 나를 따라 왔는고?"
"저도 수행하여 스님과 같은 사람이 되고 싶습니다. 부디 제자로 거두어 주십시오."
"내 제자가 되려면 내가 시키는 일은 무엇이든지 다 하여야만 한다. 그렇게 할 수 있겠느냐?"
"예."

청년의 굳은 결심을 확인한 노스님은 그의 출가를 허락하고 가장 먼저 부엌에 있는 큰 가마솥을 거는 일부터 시켰다. 청년은 흙과 짚을 섞어 이긴 다음 부뚜막을 만들고 솥을 걸었다.

하루가 족히 걸려 일이 겨우 마감되었을 무렵, 기척도 없이 불쑥 나타난 노스님은 호통을 쳤다.

"이놈, 이것을 솥이라고 걸어 놓은 거냐? 한쪽으로 틀어졌으니 다시 걸도록 하여라."

노스님은 짚고 있던 석장으로 솥을 밀어내려 앉혀버렸다. 스스로가 판단하기에는 조금도 틀어진 곳이 없었지만 청년은 노스님의 분부에 따라 불평 한 마디 없이 새로 솥을 걸었다. 하지만 노스님은 또 솥을 밀어 내려앉혀 버렸다.

그렇게 솥을 걸고 허물어 다시 걸기를 아홉 번 만에 노스님은 청년의 도를 구하는 마음을 인정하였고, 솥을 아홉 번 고쳐 걸었다는 뜻에서 청년에게 구정(九鼎)이라는 법명을 주었으며, 자신은 동방대보살(東方大菩薩)인 무염선사(無染禪師)라는 것을 밝혔다.

그 뒤 어느 날, 원래 글을 알지 못하였던 구정스님은 무염선사를 찾아가 간절히 여쭈었다.

"무엇이 부처입니까?"

"즉심즉불(卽心卽佛)이니라."

워낙에 무식한 구정스님이었는지라. '마음이 곧 부처'라는 뜻의 즉심즉불을 '짚신즉불'이라는 말로 잘못 알아듣고 말았다.

'짚신이 불? 짚신이 부처라고?'

뭔가 이상하게 느껴졌지만 스승을 지극히 존경하고 있었던 구정스님이기에 그 말을 무조건 받아들인 것이다.

'우리 스님은 부처님과 같은 분이신데 허튼소리를 했을 리 없다. 부처를 물었는데 어째서 짚신이라고 대답을 하셨는고? 짚신이 어째서 부처인고?'

그날부터는 자기 짚신을 머리에 이고 다니면서, 가나 오나 앉으나 서나 '이 짚신이 어째서 부처인고?' 하는 생각을 놓아버리지 않았다. 그러던 어느 날 산에 올라가 나무를 한 다음, 짚신을 두 손으로 움켜쥐고 '짚신아, 어째서 네가 부처냐? 짚신아, 네가 어째서 부처냐?…' 하다가 그만 깊은 삼매에 들어간 것이다.

시간 가는 것도 모르고 앉았는지 서있는지도 모르고, 삼매

안에서 다만 '짚신아, 네가 어째서 부처냐? 하며 소리를 지르다가, 홀연히 짚신의 끈이 '뚝!'하고 끊어지는 소리에 확철대오를 한 것이다.

일자무식이었던 구정스님은 글을 물론 불교가 무엇인지도 몰랐다. 그렇지만 불법에 대한 그리움과 존경하는 스승님에 대한 신심이 뛰어났기에 솥을 아홉 번이나 고쳐 걸었고, 스승이 말씀하신 즉심즉불을 '짚신이 불'이라고 잘못 알아들었지만 스승에 대한 믿음이 확고하고 순수한 마음과 항상 짚신을 끼고 다녔던 행동이 곧 바로 '짚신이 부처' 라는 화두를 타버려 확철대오 하였던 것이다.

믿음과 더불어 순수한 마음에서 나오는 행동은 깨달음으로 이어지는 바른길인 것이다.

선(禪)

나의 속가 집은 역전 근처에 있었다. 그래서 어린 시절 기차가 나가고 들어오는 소리가 귓전에 울리고 아이들과 장난치며 뛰어놀곤 하였다.

역전 옆에는 화장실이 있었고 화장실 옆에는 드문드문 나무가 심어져 있는 공터가 있었으며, 중간부분에 커다란 오동나무 한 그루가 심어져 있었다.

그 오동나무는 사방팔방으로 가지와 잎이 뻗어 나간 다듬어지지 않은 나무여서 거부감이 들기도 하였다. 아이들은 그 나무를 '망태할아버지'라 불렀다.

엄하신 할머니 때문에 밤에는 나가 놀지 않았지만 가끔씩 밤 심부름을 갔다 올 때면, 어두운 밤 그림자도 무서웠지만 망태할아버지 앞을 지나 집으로 들어올 찰나, 망태할아버지가 뒷덜미를 휘어잡은 것처럼 지독한 무서움을 느끼곤 했었다. 그래서 전등불이 미치지 않는 어두운 부분부터 전력질주를 하는 것이었다.

초등학교 다닐 때는 가끔씩 밤에 아버지를 따라 개울가로 고기를 잡으러 가곤 했었다. 고기를 잡고 집으로 돌아올 때면 자전거 뒷좌석은 나의 자리였다.

하루는 뒷자리에 앉아 길을 가고 있는데, 어둠에 둘러싸인 논과 들에서 귀신의 웃음소리가 들려오는 것이다. 얼마나 무섭고 떨리는지 순간 몸이 굳어버리는 것 같았다. 아버지는 그 소리가 새소리라고 하셨지만 나는 그래도 무서웠다. 비록 어린 나이였지만 나의 눈과 마음이 바깥 대상 즉 거짓된 형상과 소리에 이끌려서 무서움을 느낀 것이다. 그러나 눈과 마음이 밖이 아니라 안에 있었다면 그렇게까지 무서워하지는 않았을 것이다.

그렇다. 마음안의 일이 선(禪)이다.

선은 인간이 발견한 최고의 선물이다. 지혜의 작용이 어그러진 자신을 곧 바로 회복하여 세상에서 뛰어나고 훤칠한 대장부로 다시 태어나게 만드는 것이다.

선은 옛날과 지금이나 동양과 서양을 하나로 회통시켜 견고한 다이아몬드처럼 항상 빛나고 있기에, 인류와 함께 없어지지 말아야 할 사상이다.

선방에 방부를 들여놓고 지리산 산행을 하다 화엄사에서 하룻밤을 묵게 되었다. 저녁공양 때라 공양을 하고 씻을 곳을 물어보았다. 그러나 가리켜 준 곳을 찾아보니 찾을 수가 없었다.

네 번을 묻고 나서야 드디어 찾을 수 있었는데, 옷을 벗고 샤워를 하려는 순간 보살님 한분이 들어오셨다. 보살은 나를 보고 놀라 황급히 나가고 나는 무엇인가 이상해서 얼른 옷을 주워 입고, 밖을 살펴보니 내가 들어간 곳은 아뿔싸! 여자세면실이었다. 대중들에게 그 일이 알려져 나를 마치 흉악범처럼 바라보았지만 일부로 그런 것이 아니라 실수였다. (죄송합니다.) 그러나 나의 마음은 부끄럽다거나, 당황한다거나, 얼른 짐을 싸서 나가야 한다는 생각 없이 여여(如如)한 마음이었다.

어떤 상황에 처해 있더라도 마음에 동요가 없는 것이 선(禪)이다. 그렇다고 파렴치한이 되는 것이 아니라 그때 그 장소의 주인이 되어 철저하게 자신의 깨달음에서 기인한 말과 행동이 선(禪)이다. 많은 일들이 벌어지고, 바쁜 상황에서도 전광석화(電光石火)처럼 내 안의 살림을 자유자재로 꺼내 쓰는 것이다.

미국과 유럽에서 선이 많은 호응을 얻고 있다. 그러나 춘추전국시대처럼 각기 다른 나라 불교의 선들이 들어와 있어 혼돈스럽기도 하다. 대부분 출가자가 아닌 재가자가 스승이 되어 선을 지도하는데, 선을 하는 자세와 법문을 듣는 것도 동양과는 많은 차이가 있다. 그것은 선의 변화가 아니라 변종이었다. 그러나 부처님 당시에도 각 종교의 르네상스가 일어났고, 그러한 땅에서 석가모니 부처님이 출현하셨던 것이다.

각 나라마다 조금씩 다른 선불교가 서양이라는 대해로 모여들어 불법이 흥해지고 꽃피고 열매가 맺듯이 서양에서 대도인이 출현한다면 역사에 길이 남을 일일 것이다.

뱀

　　　　　도량에 풀들이 여기저기 많이 자라나서 뽑아냈다. 그러나 웬걸, 하루 동안 비가 내리더니 도량주위에 다시 소복이 올라왔다. 뽑고, 베고, 뜯어보았지만 잡초는 나를 우습게 여기듯 자신을 세상에 내놓아 뽐내는 일에만 열심이었다.

　이런 일들을 몇 달 동안 반복하다 보니 풀들도 이제 자생능력이 생겨났는지 뽑기 힘든 작디 작은 잡초들만이 자라고 있었다. 그래서 뽑는 것도 힘들고 귀찮아서 2주일 이상을 방치해두었더니, 도량에 한가득 풀 잔치를 벌여놓은 것 마냥 잡초세상이 되어버렸다. 아랫집 할아버지는 평생을 잡초와 전쟁을 하셨다니, 마음공부를 하는 것처럼 보통 인내와 끈기로는 대하기 힘들고 다루기 어려운 존재인 것 같다.

문제는 절주위에 잡초가 뒤덮여졌으니 뱀들이 가끔씩 나타나 유유히 사라져 버린다. 꽃뱀, 회색 뱀, 파란 뱀 등 무서운 독사는 아니어서 나를 느끼기만 하면 얼른 내빼지만, 도량에 뱀이 나타나는 것은 신경이 쓰인다. 그래서 얼른 풀 뽑는 작업에 들어갔다.

뱀에 신경을 쓰면서 잡초를 뽑다 보니 문득 출가할 때 읽었던 구렁이로 태어난 스님 이야기가 떠올랐다.

금강산 영원암의 창건주 영원조사(靈源祖師)는 범어사의 주지인 명학스님의 상좌이다. 명학은 스님이면서도 재산에 욕심이 많아 창고에 곡식을 가득 채워놓고도 더 많은 재산을 축척하기를 원하였다. 그는 곡식이 썩을 정도로 많아도 베풀 줄을 몰랐다.

상좌인 영원은 그것을 못마땅하게 여겼고, 도를 닦아야 하겠기에 주지에게 함께 금강산으로 들어가 도를 구하고자 간곡히 설득하였으나 거절 당하였다. 영원스님은 홀로 금강산의 영원골로 들어가 띠 풀로 영원암을 짓고 열심히 수행을 하였다.

하루는 조사가 비몽사몽 중에 갑자기 시왕봉 쪽에서 죄인 다스리는 소리가 들려왔다. 그래서 알아본즉 명학이라는 사악한 중이 죄인의 죄를 비춰준다는 명경대 앞에 끌려와 문초를 받고 있다고 하였다. 조사는 그가 필시 명학스님일 것이라 여기고 옛날의 정을 생각해서 장례에 참례하고자 금강산을 떠나 범어사로 향하였다.

조사가 범어사에 도착하여 보니 아니나 다를까 명학은 이미 세상을 떠났고, 그의 다비식이 진행되고 있었다. 그곳의 스님들은 갑자기 나타난 영원조사를 보고 명학의 재산이 탐나서 돌아온 것이라고 수군거렸다. 조사는 억울함을 참고, 한 그릇의 죽을 얻어 창고 앞에 놓고 명학의 혼이 나오기를 진정으로 염원하였다.

그때 창고에서 커다란 구렁이 하나가 기어 나와 영원조사를 향하여

"슬프도다. 스님이여! 헛된 것을 사랑하지 말았어야 할 것을…"하며 눈물을 흘리었다. 말을 마치자 구렁이는 머리를 돌바닥에 부딪쳐서 죽었다. 조사는 명학의 혼을 불러 어느

집에 맡기고 당부하였다.

"이 집에서 열 달이 지나면 반드시 귀동자를 낳을 것이니 잘 키우도록 하시오. 아이가 아홉 살이 되면 중이 되어야 할 팔자이므로 그때 내가 데려갈 것이오."

10개월이 되니 과연 옥동자를 낳았는데, 얼굴이 단정하였다. 아이가 아홉 살이 되자 영원조사가 아이를 데리고 갔다. 조사는 아이에게 창구멍을 통하여 매일 바깥의 소를 보도록 하였다. 몇 달이 지나자 아이가 문득 전생 일을 깨닫고 조사에게 말하였다.

"나는 조사의 스승이었고, 조사는 나의 상좌였소."

그 이후로 명학의 후신인 이 스님은 불도를 통달하게 되었으며, 법호를 '후원(後圓)조사'라고 하였다.

스님노릇을 잘못한 사람에게 업으로 태어난다는 구렁이. 자신의 본업인 수행은 뒷전이고 재물에만 눈이 멀어서 어두운 굴속에 평생을 살아가야 하는 신세, 나라고 해서 이런 업의 굴레가 찾아오지 않는다는 보장은 없다.

'인과는 평등하고 한 치의 오차도 없기 때문이다.'

도술시합

　　장마가 시작되고 지금껏 제대로 된 햇빛이 아닌 태양이 먹구름에 가려 반쪽짜리 빛을 비추더니 오늘은 백점짜리 가을 햇빛을 환하게 비추어주었다.

　나는 얼른 법당에 있는 좌복을 의자 위에 널어서 일광소독을 하였다. 아침은 선선하고 오후는 뜨겁지만, 알찬 광명을 발산하니 산천초목들은 이제 자신의 성숙된 모습을 보여주면서 누런 황금빛을 조심스럽게 띄우고 있었다.

　산책을 하러 나갈라치면 메뚜기 가족들이 먼저 산책 준비를 마치고 이리저리 뛰어다니면서 목적지를 향해 나아간다.

그런데 그들의 목적지가 어디인지 나로서는 도무지 분간이 안 간다. 그래서 한 마리를 잡아 길을 알려주면 입에서 검푸른 액체를 쏟아내면서 자신의 일에 관여하지 말라고 항의를 한다.

메뚜기도 한철인데, 나는 몇 철을 열심히 살아왔을까. 또 병든 몸과 마음으로 몇 생을 고생했을까.

저 멀리 보이는 산봉우리가 나를 빤히 쳐다본다. 나도 그를 쳐다보았다.

우리들은 이심전심의 마음이 통하여 서로 마주보며 빙긋이 웃어준다. 거기에 빠질 세라 백호(白虎)가 우리 사이에 갑자기 뛰어들더니만 순식간에 나를 입에 물어 자신의 등에 태우고는 쏜살같이 파로호로 달려가는 것이다.

파로호 주변에는 피서로 놀러온 사람들이 많았다. 파로호는 우리를 보자 금시조로 변화하여 반갑게 맞이하여 주었고, 백호와 나를 태우고 자신의 집이 있는 호수 안으로 들어갔다.

호수 안에는 잉어, 붕어, 쏘가리, 메기들이 놀고 있었고, 하마가 헤엄치며 자신의 육중한 몸매를 드러내었으며, 아기돼지 오형제가 물속에서 놀다가 뭍으로 나가고 있었다.

그들은 호수안의 대중이 모여 사는 웅장한 궁전으로 우리들을 안내해 주었다. 꺽지 문지기가 궁전 문을 열어주어 안에 들어가 보니 호화찬란하게 칠보를 가지고 궁전 실내 장식을 하였고, 주위를 압도하는 인테리어에 우리들은 입을 다물지 못했다.

금시조는 자기 방으로 우리를 데려갔는데 세상에서 보지 못했던 보배들이 엄청나게 많이 쌓여있었고, 맑고 두꺼운 유리의 벽이 보였으며, 안에서는 밖이 잘 보였으나 밖에서는 우리를 보지 못하였다.

백호와 나는 그 보배들을 즐거운 마음에 손으로 만지고 쓰다듬었더니, 우리가 있는 곳은 다시 목넘어 계곡이 되었다.

오늘은 도술시합하기 좋은 날씨다.

아기공룡 둘리와 머털도사가 도술시합을 하면 누가 이길까?

둘리가 이길 거야. 아니 머털도사가 이길 거야.

호이! 어렵소!

행복 4

철이 없었던 젊은 시절에는 행복을 쫓아 다녔다. 행복이 물질과 친구들 사이에 있는 것 같아 친구들과 놀고 마시며, 때론 쾌락을 즐기기도 하였다. 나보다 우월한 자를 부러워하기도 하였고, 저렇게 되지 않을까 하는 기대도 가지고 있었다. 사회적으로 성공하려는 자들이 남을 업신여기거나 죽여야만 내가 승리할 수 있는 일들을 지켜보면서 내 자신은 저들과 다르다는 것을 느꼈다.

불교에 대해서 잘 모르고 출가해 절집 생활을 익히느라고 혼쭐이 났다. 스님들이 수행승, 행정승, 포교승의 이판사판으로 나누고, 조계종과 태고종 그리고 천태종 등이 있는 줄은 꿈에도 몰랐었다.

그런 어설픈 풋중이 수행의 문턱에 들어가서 나름 열심히 정진해 세상을 다 얻는 것만 같은 환희심을 얻고 수행의 안정권에 들었다 싶었으나, 한 방에 KO가 되어 무너져 내려앉았다. KO로 뻗은 몸을 추슬러 나만의 터전을 만들어 갔으나 그것도 여의치 않아 오랫동안 머물러 공부하지 못하였다. 다시 깊은 산속으로 들어가 모든 것을 내던지니 하나의 진리가 떠올랐다.

"마음을 일으키면 만법이 나타나고, 마음이 사라지면 만법도 사라짐"의 광명이 뜨니, 많은 것들이 녹아내렸다. 그래서 행복은 내 마음을 다스리는 곳에 들어앉아 있다는 걸 깨닫고 세속에 나와 못 다한 공부를 지어간다.

어느 날 나를 필요로 하는 사람이 있어 그곳에서 소임을 보지만 그들은 나를 이용하고 부려먹을 속셈만을 가지고 있었다. 그런 아프고 서글픈 마음을 다스리고 일으켜 이곳으로 들어와 누워있으니, 행복은 안과 밖을 떠나 자신이 좋아하고 원하는 것을 열심히 하는데 있는 것 같다.

성공과 실패 그리고 괴로움과 즐거움의 조건을 떠나 묵묵히 좋아하는 일에 매진하는데 평화와 행복이 깃드는 것 같다. 조건을 바라고 하는 것은 진정한 행복이 아닐 것이다.

그렇게 열심히 하다 보면 우리들의 외모는 내가 쓰는 마음에 따라 변화해 갈 것이고, 마음은 당신이 하는 일에 따라서 다스려지는 것이다.

예를 들어 잡초를 뽑는 일을 좋아하고 즐기다보면 어느덧 한 경계에서 마음안의 잡념이라는 잡초를 뽑아 버리게 되고, 안과 밖이 따로 없어져 안정된 모습과 순응하는 마음을 가지게 되는 것이다.

'행복이란 앞뒷 일의 조건을 바라지 않고, 좋아하는 일에 혼신을 바치는 것이다.'

도인

아침공양을 하고 마당에 나가보았다.

밖은 어두움이 채 가시지 않았고, 옅은 안개가 사방을 둘러싸고 있었다. 나는 한 마리 산속의 고고한 학이 되어 걸림없는 춤을 추기 시작했다. 산에서 흘러나오는 맛있고 신선한 공기를 마시며 정신없이 춤을 추면서 염불을 해나갔다.

나의 목소리는 내가 상상할 수 없을 정도로 날카롭고 강했다. 큰 목소리로 노래를 하며 춤을 추니 산천초목은 나를 보고 미쳤다고 말할 것이고, 꾸준히 흘러가는 계곡물은 혓바닥을 내밀며 나를 놀리곤 하였다. 그들의 시선을 아랑곳하지 않고 더욱 신나게 한 바탕 놀아난다. 내가 사는 이곳에서는 큰 소리를 내어도 누가 뭐라 할 사람이 없다. 까까머리 스님이 얼싸! 하면서 춤을 춰도 시비를 걸 사람이 없다.

나는 춤과 노래의 환희에 빠져들어 사방을 분간할 수 없었다. 그것은 깨달음의 경지요, 중생을 사랑하는 마음이었다.

오후 좌선시간 내내 정진에 힘이 없더니 어제 오후에는 오랜만에 좌선이 잘되어갔다. 염불이 힘차고, 바닥에 염불을 놓아 그 명호를 또렷이 바라보며, 회광반조를 하니 잃어버렸던 절친한 친구가 다시 찾아온 느낌이다.

좌선을 마치고 언덕 위에 자라는 잡초를 낫으로 베고 있었다. 20여분의 시간이 지난 뒤 잡초더미 안에서 무엇이 움직여 살펴보니 뱀이었다. 다시 2미터를 깎아나가니 독사 한 마리가 나무 그루터기 옆에서 똬리를 틀고 있었다.

무엇을 먹었는지 배는 불룩하고 모양과 색깔이 보통 뱀과는 다른 독사 살모사. 일반 뱀은 인기척이 나기만 해도 도망가는데 이 독사는 여유만만이었다.

바로 옆에서 낫질을 해도 저리 가라고 건드려도 아랑곳하지 않고 섬뜩한 모습으로 노려보고 있었다. 조금 후 귀찮은 듯 슬그머니 깎아놓은 풀 더미 속으로 모습을 감춰버렸다.

도인이란 가고, 머무르고, 떠나는 시간을 잘 아는 사람이다.

100일

관세음보살님!

중생들은 왜 이 사바세계에 태어나 고난과 고통을 받으며 살아가야 합니까.

당신의 위신력으로 이 세계의 모든 중생들을 해탈시킬 수 없습니까.

시장에서 본 반신불수의 몸으로 지팡이를 잡고 힘들게 걸어가시는 할머니와 저 멀리 보이는 노 보살님의 괴로운 표정에 연민을 느끼며, 열심히 살았던 속가 동생의 암 발생 소식에 망연자실하여, 하염없이 눈물을 흘리며 관세음보살님께

강한 표현을 한 것이다.

  오늘은 기도를 시작한지 100일이 되는 날이다. 아무도 아는 사람이 없는 월명리로 들어와 100여 일을 홀로 도량을 정비하고 밥을 끓여먹으면서 정진해온 것이다. 스님이 토굴에서 혼자 지낼 때에는 밥을 해먹지 못한다면 그곳에서 오래 살 수가 없다. 게을러서 그렇고, 공양 짓는 곳에 부처님의 진리가 있기 때문이다.

  지나가는 말로 "혼자 어떻게 지내요?", 농담 삼아 "보살은 없어요? 보살과 같이 살면 좋을 텐데…" 그런 듣기 거북한 말을 들어가며, 때로는 법열의 즐거움과 깨달음의 환희심을 느끼며 100일을 보냈다.

  나는 기도기간 중 처음 100일을 중요하게 여긴다. 그것은 기도의 첫 발을 디디는 단계이기 때문이다. 시작이 반이라는 말씀이 있듯이 시작한지 100일을 잘 하고 열심히 보내야 그 이후에도 큰 장애 없이 회향할 수 있기 때문이다.

  100일은 3년 중 일부분에 속한다. 그러나 이 100일을 잘 보내야 큰 가피의 기초를 다지게 되는 것이다. 100일을 회향한 후 성지를 돌며 서원을 다지고 참배를 하였지만, 지금은 이곳에서 계속정진에 들어갈 것이다.

공양물을 관세음보살님께 올리면서 죄송한 말씀을 드렸다.

오늘 넉넉하고 푸짐한 공양물을 올려야 하는데, 변변치 못한 중이 대보살님을 잘 모시지 못해 죄송합니다. 당신의 가피로 큰 절이 되면 풍성한 공양을 올리겠습니다.

나를 묶었던 결박도 풀어졌고, 나의 모습도 많이 변해져 갔다. 앞으로, 앞으로 한 걸음을 내디디며 산적해있는 일도 해결하고, 대자유인이 되는 그날까지 기어가는 한이 있더라도 결코 멈추지는 않을 것이다.

계획

오랜만에 한가한 시간을 보냈다.

일찍 찾아온 것 같은 가을 날씨에 잡초들은 잠시 성장을 멈추었고, 습기가 많은 더운 날씨는 어느덧 지나가버리고, 높다란 하늘에 빌딩만한 구름들이 모습을 바꿔가며 정처 없이 흘러가고 있었다.

이른 아침 방에 누워 하늘을 쳐다보면 하늘은 나와 분별없이 서로 바짝 달라붙어 뽀얀 속살을 보여주기도 한다.

나는 거기에 화답을 하기위해 썩소를 지으며

'안녕! 요즘 잘 지내지?'

하는 나의 말에 얼른 구름으로 속옷을 만들어 부끄러운 부분을 가리기도 한다. 그렇게 하늘과 나는 꿈을 먹고 살아가고 있다. 높다란 하늘은 때론 무엇을 위해 살아가야 하는지에 대한 해답을 던져주곤 한다.

가을이 되면 하고 싶은 일이 있다. 그것은 산으로 들어가 송이버섯을 따고 싶은 것이다. 아직까지 산속에 송이가 자라는 것을 보지 못한 산승의 바램이다.

내가 살고 있는 사명산은 송이와 능이가 조금 나온다고 한다. 이제 며칠 지나면, 가파른 산을 열심히 오르내릴 것이다. 운동도 되고 버섯도 따는 일석이조인 나의 작은 소원이 이루어져서, 사람들에게 향기로운 버섯을 먹이는 즐거움을 주고 싶은 것이 나의 심정이다.

잘생긴 송이를 가늘게 찢어 굵은 소금 한 알을 붙여서 먹는 버섯의 맛은 텁텁하고 꿀꿀한 입안을 깔끔히 가셔줄 것이다. 초보자 버섯채취 꾼이 산에 올라 얼마나 고생할지는 모르나 버섯을 한 아름 따오는 상상에 젖어보니 하루가 활기차다.

미스터리

처음 군에서 방위제도가 시작되었을 때 북한은 이들의 정체를 잘 몰랐다고 한다. 사복을 입고 부대로 출근을 하여서는 군복을 갈아입고 근무를 하고, 다시 사복으로 갈아입고 퇴근을 하니 이들을 처음에는 특수요원으로 오인을 하였다고 한다.

그들의 특수목적은 전쟁 시 철판 도시락으로 적의 레이더를 교란 시키는 것이었다 하니, 믿거나 말거나의 이야기이지만 북한에게는 방위들이 이해가 안 가는 존재들일 것이다.

절집에 사는 스님들에게도 3대 미스터리가 있어 때로는

싱거운 웃음을 던져주기도 한다.

첫째는 쓸데없이 벽보고 앉아서 존다는 것이다.
달마대사가 수행했던 면벽의 참선수행을 두고 하는 말인데, 스님들은 졸고 있는 중에도 공부를 놓지 않는다는 것을 꿈에도 모를 것이다.

둘째는 할 일도 없는데 새벽밥을 먹는다는 것이다.
일찍 일어나는 새가 먼저 먹이를 먹는다. 아침밥을 먹고 나서는 대중들이 도량에 나가 쓰레기가 있든 없든 빗자루 청소울력을 한다. 일찍 일어나는 것이 복을 쌓는 것의 첫번째 일이다.

셋째는 자기 집도 아닌데 큰 집에서 산다는 것이다.
현대에는 대저택들이 많지만 옛날에는 절이 가장 큰 집이었다고 한다. 절집은 세상을 구원할 대도사를 만들어 내는 곳이니 부처님과 같이 고래 등 같은 집에서 살만도하다.

되살이

 겨우내 땅속에서 얼었던 냉이, 질경이, 씀바귀, 잡초, 나무들은 봄이 되면 다시 살아나 새싹을 피운다. 그 추운 겨울을 땅속에서 어떻게 살아 버티어 왔는지. 봄이 되면 누가 시키지 않아도 따뜻한 기운을 흠뻑 들이키며 새싹이며 꽃들을 밀쳐내려고 한다.

 조선시대 거세당한 궁중 내시가 되살아나 자신의 힘을 과시한 일. 꿈속에서도 가위에 눌려 죽어가는 내가 살아가는 것도 되살이다. 자신의 몸속에 때가 되면 다시 살아나라는 도깨비가 걸어놓은 진한 최면의 씨앗이 있을 것이다. 그렇지 않으면 다른 날 나의 생명부활은 이루어지 않을 것이다.

우리 인생도 되살이의 연속이다. 하루에도 수없이 죽고 살아난다. 혼란한 생각으로 생명을 죽이고 살리는 일들, 언제나 어려운 생활경제, 자기 뜻대로 안 풀리는 인생을 한숨지으며 무력감을 느끼고 저주를 퍼부으며 희망과 꿈은 저만치 내버리고 지금 처한 현실에서 살아나오려고 심한 발버둥을 친다.

때로는 너무 힘들어서 되살아가기가 싫은 사람도 있다. 길거리 노숙자들, 사업에 실패에 죽어가려는 인생, 심한 우울증에 걸려 몸과 정신이 망신창이가 되어 의욕과 꿈을 상실해가는 안타까운 인생, 도박, 알코올, 섹스에 중독되어 앞뒤 분간을 못하는 버려진 낙오자.

무서운 추위를 겪지 않고는 매화꽃 향기를 다시 피워내지 못하듯 우리는 이런 뼈저린 상황에서 손을 떨고, 땅을 짚고 일어나 앞날을 위해 깨끗이 손을 씻어주지 않으면 '그 밥에 그 나물'이라는 조롱거리가 되어 마음의 상처를 입고 살 것이다.

어떤 역경에 부딪쳐도 다시 살아나는 강한 불사조의 마음을 가져라. 이 세상은 다시 살아나는 사람들의 몫이다. 세상은 열려있다. 바른 눈으로 세상을 보려고 해야 한다. 되살이의 열쇠는 항상 나에게 주어져있다. 그 열쇠로 굳게 닫혀있고 꿈쩍도 하지 않는 빗장을 과감하게 열어라. 되살아나는 것은 오직 나의 몫이다.

아직도 되살아나지 않는 인생에 다 같이 주문을 불어넣자.

'옴 아모카 바이로차나 마하무드라 마니파드마 즈바라 프라바를타야 훔…'

봄이 되면 죽어있던 산이 다시 파릇파릇 되살아나고, 계곡물은 졸졸졸 노래를 부르며 세상과 하나가 되기 위해 힘차게 전진하면서 밝은 미래를 약속하고 있다.

부모님

논길을 걸었다. 가을 논에서 풍겨온 벼 익는 냄새는 만물을 살찌우는 풍족한 향기로 다가왔고, 무공해 식품인 어머니 젖 냄새가 배어있는 벼 이삭들.

음! 이래서 사람들이 쌀을 먹는구나. 벼 익는 냄새에 중독되어 정신을 차리고자 할 때 한 글귀가 나의 마음을 두드렸다.

"부모들이 우리의 어린 시절을 꾸며 주셨으니, 우리는 그들의 말년을 아름답게 꾸며 드려야한다."(생텍쥐페리, 프랑스

작가)

나의 속가 부모님은 두 분 모두 살아계신다.

아버님은 어릴 적 공부도 잘하셨고 운동도 잘하셨던 다재다능한 분이셨다. 옛날 강원도 산골에서 서울에 있는 대학에 진학을 하셨으니, 수재소리를 들으시며 자라셨다고 한다. 할아버지가 일찍 돌아가시자 집안을 떠맡은 아버님은 많은 것들을 포기하셔야만 했다. 넉넉지 못한 살림에 많은 집안 식구들을 먹여 살리느라고 고생을 엄청 하셨을 것이다.

삼형제중 장남인 나는 어릴 때는 개구쟁이이면서 고집이 센 아이여서 회초리도 여러번 맞았다. 어린 시절 내가 가장 무서워했던 아버지. 저 멀리 아버지가 보이면 골목사이로 숨었던 시골사람의 향기를 풍기시는 아버지. 힘든 삶을 표현하지 않았던 분, 도와주는 사람이 있었다면 세상에 나와 큰일을 하셨을 외골수의 성격이 다분하셨던 분. 공무원 정년퇴직을 하면서 집안과 공원을 왔다 갔다 하시는 이빨 빠진 호랑이. 어느 날 문득 올려다보니 많이 늙어 안쓰러웠던 마음….

장남인 아들이 집안을 등지고 출가를 했을 때 얼마나 괴로워하셨을까.

나는 아버님한테 용서하고 용서하는 자애로운 마음을 배웠지.

어머님은 전형적인 대한민국 어머니이시다. 부산에서 태어나시어 일본에서 유년을 자라다 해방이 되어 다시 부산으로 건너와 30이 다되는 나이에 아버님을 만나 결혼하시며, 평생 식구들을 위해 희생하셨던 분. 한복집에 다니면서 어려운 살림을 꾸려나가셨던 억척같은 어머니. 손수건 안에 자투리 동전을 모으시다가 맏아들인 나에게 몰래 줄 때면 아껴 쓰라고 누누이 말씀을 하시곤 하셨지.

거친 사춘기 시절에는 마음을 다지고 다지면서 부모님과 함께 행복하게 산다고, 공부할 생각은 안하고 돈 벌 일을 생각하곤 했었지.

약하시면서도 자식 일이라면 한없이 강하시고, 성격이 급하신 나의 어머님.

부모님 몰래 출가했던 나를 한동안 인정을 안 하셨지.

나는 어머님에게서 쓰러지면 다시 일어나는 강인한 정신을 배웠지.

자식들을 전부 대학공부 가르치고 결혼 시켜, 손자 손녀의 재롱에 온정 묶다가 이제 마음 편안히 행복하게 살날을 기대했지만 둘째의 암 소식에 마음을 아파하니 보는 나도 안쓰럽다.

내가 기댈 수 있는 큰 언덕 같은 분들, 나를 밀어주는 가장 큰 후원자. 이제 내가 효도할 수 있는 일은 중노릇을 잘하고, 공부를 열심히 하여 세상에 뛰어난 도인이 되어 중생을 교화하는 모습을 보여 드려야 할 텐데….

어떻게 살 것인가

무엇을 위하여, 무엇을 향하여 살 것인가?

정상을 향해 열심히 노력하여 성공도 하고, 결혼하여 귀여운 자식들을 낳고 재물도 모으고, 지위가 높아졌지만 나의 모습은 초췌해지고 주름살과 흰머리만 늘어나더라!

나의 인생을 누가 알아주고, 대신 살아 줄 것인가. 부귀영화가 태산같이 쌓이고, 처자식이 대숲처럼 우거져도 죽을 땐 이내 한 몸만 홀로 가니 염라대왕이 세상의 지위에 고개를 숙일 것인가.

우리가 사는 세상은 물질과 욕심으로 이루어진 사바세계이다. 이 세계에는 현실과 이상이 함께 공존한다.

현실의 물질만을 위한다면 자신의 정신과 마음은 황폐해져서 평생 동안 뜬 구름만 잡고 살다가 죽음에 임할 것이다.

현실을 저버린 이상만을 위한다면 펼쳐져있는 현실을 도피하여 개인만의 편안함을 위한다는 비난을 받을 것이다.

현실과 이상이 공존하고 융합된 인생을 살아가는 것은 어떠한가.

젊었을 때는 열심히 일하고 배우며, 결혼하여 현실에 충실하고 이상을 마음에 품으며 열심히 일한 결과물을 이웃과 나누는 삶을 산다면 그 인생은 바른길을 걸어가는 것이다.

나이 들어서는 출가를 하여 자연으로 돌아가 마음을 닦는 수행으로 자기를 완성시키고, 완성시킨 법으로 만 중생을 교화할 때 반야심경에서 말씀하신 "조견오온개공 도일체고액(照見伍蘊皆空 度一切苦厄 : 오온(색·수·상·행·식, 몸과 마음)이 모두 공함을 비추어 보아 일체의 고통과 액난을 건졌다)"이 이루어지는 것이다.

즉 물질과 마음이 공함을 깨달아 일체의 고통과 액난을 제도하고, 평화스럽고 행복한 세상을 실현시켜 모두가 보살이고 성인이며 부처가 되는 일이다.

부처님이 살아계실 당시 인도의 상류계급 출신의 남자에게는 일생을 네 시기로 나누어 실천하는 것이 일반적인 관습이었다고 한다.

① 학습기(學習期) : 7·8세 무렵부터 20세까지 약 12년간 집을 떠나 스승의 집에 머물며 『베다』를 비롯한 인생에 필요한 학문과 기술 등을 배우는 시기로 보통 범행기(梵行期)라고도 한다.
② 가주기(家住期) : 학습을 마치고 집에 돌아와 결혼도 하고 가장으로서 가업에 종사하는 20세부터 50세까지의 시기이다. 곧 조상에 제사 지내고 부모에게 효도하고 종교가와 가난한 자에게 보시하고 재산을 관리하고 자손을 낳아 키우는 것이 이 시기의 주된 의무이다.
③ 임주기(林住期) : 장자가 결혼하여 가계를 이어받은 50세 무렵이 되면 집을 떠나 산림에 나와 초근목피 등 자연의 식물을 먹으며 단식과 고행 그리고 좌선명상 등의 수행을 통해 범아일여(梵我一如)의 경지에 도달하려고 정진 노력하는 시기이다.

④ 유행기(遊行期) : 임주기 동안 수행이 완성되어 이상의 경지가 체득 되면 숲을 떠나 도시나 마을로 내려와 운수납자로서 탁발 유행하는 시기이다. 가주기에 있는 가장들은 유행기에 들어선 이런 사람들에게 존경심을 가지고 정중히 음식을 대접하였다.

이러한 보시행이야말로 큰 이익과 공덕을 얻는 행위로 생각했기 때문이다.

이심전심

그 동안 눈여겨보던, 조금 더 익으면 따려고 했던, 계곡 옆에 알차게 매달려있던 산초열매가 어느 날 바라보니 휑하니 사라졌다.

어라! 없네.

조금 허탈해 하면서도 '맛있게 잘 드십시오' 라는 말이 저절로 튀어나왔다.

염불도 안으로 알차게 차곡차곡 쌓여서 무엇을 하던지 떨어지지 않고 나와 공부가 한 몸이 되어 굴러다닌다. 그러나 아직 완성된 단계가 아닌, 꾸준히 정상을 향해 전진을 해야 한다.

나[我]가 남아 있었고, 이법 저 법이 완전히 떨어지지 않았다. 수행은 어느 경지에서 멈추는 것이 아니라 영원한 정진, 끝없이 자신을 만들어 나가는 일원상의 모습처럼 처음과 끝이 하나가 되어 나가는 것이다.

오늘은 가을 날씨이건만 무척이나 더운 날씨다. 전국에 폭염주의보가 내려진 곳도 많다. 이렇게 더운 날씨이지만 여러 일들이 겹쳐 있어 양구읍내로 볼일을 보러나갔다.

늘 보던 사람들이었지만 오늘은 사람들 모습과 말씀 하나하나가 관세음보살과 닮아있었다. 나의 눈에는 남자·여자·노인·아이 할 것 없이 모두가 관세음보살님처럼 예쁘고 사랑스럽게 보였다.

사바세계에 32응신을 나투시고 법문을 하시는, 희고 푸른 법복을 휘날리는 자비 관음보살로 그들은 조용히 다가왔다. 그분들도 예전과는 다른 미소와 친절로 지친 나의 마음에 활력을 보태주고 있었다.

이것이 바로 이심전심(以心傳心)의 훌륭한 법문이 아니겠는가.

백의관음무설설 남순동자불문문
白衣觀音無說說 南巡童子不聞聞
병상녹양삼제하 암전취죽시방춘
瓶上綠楊三際夏 巖前翠竹十方春

백의관음은 말씀 없이 설법하시고
남순동자는 들음 없이 듣는구나!
자비 안의 푸른 버드나무는 끝없는 시간 속의 여름이고
선정 앞에 비취 대나무는 한없는 공간 속의 봄이더라!'

아미타신앙

신라 경덕왕 17년 고성현 원각사(건봉사)에 발징(發徵)이라는 대화상이 있었다. 법명은 동량이며 산문의 주지가 되었다.

화상은 아미타불의 본원 가운데 근본이 되는 서원을 하고 두타스님, 정신과 양순 등을 청하여 31인이 미타만일연회(彌陀萬日蓮會)를 최초로 창설하고 향도 1828인을 결성하였다. 1700인은 음식을 시주하였고, 120인은 의복을 시주하였으며, 해가 바뀔 때면 집집마다 쌀 한 말과 향유 한 되 반 그리고 포목 한 단씩을 시주하여 오랫동안 공양하였다.

29년이 지난 혜공왕 11년(775) 7월 17일 밤에 대홍수가 도량 문 밖에까지 넘쳤다. 그때 아미타불과 관음보살·대세지보살은 자금연화대에 올라 문 앞에 이르도록 황금 팔뚝을 펴서 염불하던 대중들을 가까이 이끌었다. 그것을 보고 대중들은 깡충깡충 뛰면서 기뻐하였다.

이는 지금까지 한번도 없던 일로서 부처가 대중을 거느리고 반야선에 올라 48대원을 주창하자 백련화세계로 왕생하여 상상품(上上品)으로 영생하였다.

이때 발징화상은 여러 곳을 순행하다가 금성에 이르러 아간 양무의 집에서 잤다. 그 밤에 큰 불빛이 그 집을 환히 비추므로 집안 식구들이 놀라서 일어나보니 관음보살이 현신하여 화상에게 "너의 도량 스님들이 서방정토에 왕생하는 은혜를 입었으니 속히 가서 보라"고 이르고는 온데 간데 가 없었다.

이에 화상이 급히 떠나려고 하자,

양무가 말하기를, "스승께서 최초로 발원하셨는데 우리와 같은 어리석은 무리들은 먼저 제도하신 후에 가십시오. 저희도 29년간 미력이나마 정성을 드렸는데 오늘 어찌 저희들을 버리고 홀로 가시려 하십니까?" 하고 몸을 들어 땅을 끄르며

울음을 그치지 아니하였다.

이에 화상은 양무 등을 인솔하고 가서 31명의 스님들을 보았는데 육신은 이미 허공으로 올라갔다. 화상은 마음이 맑아지고 기뻐서 도량을 향해 1300여배를 올린 후에 다비식을 거행하였다. 이로 인해 만일회를 수행한 향도 913인도 단정히 앉아서 돌아가니 907인이 남아 수행하였다.

화상이 7일 만에 또 아미타불을 보았는데, 부처가 배에 함께 타라고 하였다. 화상이 아뢰기를 "저는 향도를 다 제도하지 못했으니 어찌 혼자만 갈 수 있겠습니까?" 하고 아뢰자, 이내 18인이 상품중생으로 왕생하였다.

또 7일 밤 후에 다시 아미타불이 반야선에 올라 화상에게 이르기를 "내가 본원의 힘으로써 너를 맞아 함께 왕생하고자 한다"고 하였다.

이에 화상은 눈물을 흘리며 말하기를 "만약 향도들이 중한 죄가 있어 왕생의 연분이 없으면 맹세코 지옥에 들어가 그들의 죄를 없애고 다함께 왕생케 한 후에 마땅히 왕생토록 하겠습니다"라고 하였다.

그러자 부처는 그 뜻을 막지 못하고 31인을 하품중생으로 나게 하시고 그 나머지는 부처님의 은혜를 입을 수 있는 수기를 주었다.

이에 화상은 무생법인(無生法忍)을 깨달아 모두 다 제도하고 부처님의 교칙을 듣고 반야선에 올라 서방정토에 왕생극락하였다.

아미타 신앙은 관음신앙과 함께 한국불교의 대표적인 신앙이다.

관음신앙이 현실의 고난과 고통에서 벗어나 곧 깨달음을 얻는 현세적 신앙이라면, 아미타 신앙은 아미타부처님을 믿고 염불하면 극락세계에 왕생한다는 정토(淨土)신앙이다.

여기서 아미타 신앙이 더 뛰어나고, 관음신앙이 훌륭하다고 하는 것을 논하고자 하는 것은 아니다. 염불수행은 만(萬) 중생이 닦으면, 만 중생이 다 좋은 과보를 얻는 바람직한 수행이다. 부처님의 설법이 중생의 근기에 따라 방편의 눈높이 설법을 하셨듯이 염불도 우리의 마음을 쓰는 것에 따라서 좋아하는 불·보살님을 선택할 수 있다.

우리나라에 불교가 처음으로 공인된 고구려 소수림왕(372)에서부터 지금까지 불교는 끊임없이 흥망성쇠를 반복해 왔다. 그중에서 나는 통일신라 불교가 이 땅에서 가장 훌륭하게 불법을 펼치며 성장해왔다고 생각한다.

통일신라 불교는 일본이나 중국 불교와는 다른 주체적이고, 독자적인 불교를 창조해내었다. 원효와 의상과 같은 천재적인 고승들의 독자적인 사상들이 중국에 역 수출되기도 하였고, 혜공과 대안과 같은 큰 대덕들이 배출되어 민중불교가 일어나게 되었다.

그렇다면 신라불교의 뿌리는 무엇이었을까.

그것은 칭명염불이 근간을 이루었고, 염불수행의 기초아래 신라불교가 발전했을 것이며, 염불수행에서 깨달음을 이루어 많은 사상과 실천들이 쏟아져 나왔을 것이다.

원효스님의 저서 「발심수행장」에서는 염불수행을 닦을 것을 권하고 있다. 그리고 염불로써 힘을 얻은 원효스님은 초인처럼 밤을 새우며 많은 저술을 지었고, 세상에 나와 훌륭한 악기를 두드리고 삼매 속에서 춤을 추며 걸림 없는 노래를 부르며 전국 방방곡곡을 돌면서 모두에게 '나무아미타불 나무관세음보살'의 염불을 하도록 이르셨다.

원효스님뿐만이 아니라 많은 대중들이 칭명염불을 하였고, 발징화상과 같은 분들이 중국 선불교가 꽃피웠던 시절처럼, 신라 땅에 많은 도인들이 출현하여 중생을 교화시켰을 것이다.

중국에서 들어온 간화선은 훌륭한 수행이라는 것은 부인할 수 없다. 그러나 우리 한국불교의 정통수행이 간화선이 아니라 칭명염불수행이라는 것은 묵과할 수 없는 사실이다.

염불로써 간화선 수행을 하였고, 염불로써 정토에 왕생한 칭명염불의 꽃이 피워났던 신라불교가 이 땅에 다시 부활하여, 만 중생이 살아날 수 있는 새로운 불교사상을 만들어 뛰어난 스님들을 배출하고, 어두운 세상에 광명을 불어넣기를 바랄뿐이다.

바람

똑같은 바람이라도 봄에 부는 바람은 만물을 소생시키는 친근하고 고마운 느낌을 가져다준다.

가을바람도 곡식을 익게 해주는 알차고 튼실한 마음으로 우리에게 다가와 뿌듯한 기쁨을 안겨주기도 한다.

반면 여름에 부는 태풍과 강풍은 많은 인명피해와 재산피해를 안겨주는 살인적인 바람이다.

사람 마음에서 일어난 요동치는 바람기는 평생을 약속한 이성을 배반한 절망적인 바람이다.

절집에서 부는 바람은 풍경소리를 일으켜 죽어있던 마음

이 활기차게 다시 살아나라고 불을 지펴주는 간절함이 스며든 바람이다.

산위에서 부는 바람은 소가 혀로 자신의 털을 말끔히 다듬는 것처럼 평생 바르게 살아가라는 주문의 바람이다.

뼈 속 깊이 스며드는 겨울바람은 왜 그렇게 춥고 시린지….

어릴 적 따뜻한 봄바람에 민들레 홀씨가 하늘에 흩날리는 것을 보면서, 하얀 낙하산을 단 씨앗은 얼마나 멀리 날아갈까. 솜사탕 같은 홀씨를 정처 없이 따라다닌 적이 많았다.

같은 바람이라도 때와 장소가 다르면 전혀 다른 기능을 가진다.

오후에 누군가 문을 힘차게 두드린다. 문을 열고 밖을 내다보니 바람돌이와 바람순이가 찾아온 것이 아닌가. 그들은 얼른 봐서는 눈에 보이지 않았지만 마음을 모아서 바라보니 이목구비가 그럴싸하게 갖추어진 우리와 비슷하게 닮은 모습들이었다.

우리들과 다른 것은 몸이 투명했고, 그 투명한 자신의 몸 안에 생활에 필요한 도구들을 주렁주렁 매달고 다닌다는 것이다.

 돌이와 순이 그리고 나는 논과 밭을 뛰어다니며 재미있게 놀다가 배가 고파지자 논바닥에 드러난 부드러운 흙으로 오방찰떡을 만들어 먹었고, 서로 허리를 잡으며 밭에 기어 다니는 민달팽이의 자취를 뒤따라 다니곤 하였다.

 그러다 바람순이가 사명산 안으로 들어가 놀자고 제안을 했다. 나는 바람돌이의 어깨위에 올라타 순이의 손을 잡고 늘 조용하기만 했던 사명산 안으로 들어갔다. 빼곡한 숲속을 한참 들어가 보니 쓸쓸히 버려져 있는 절터가 보였다. 절 마당에는 팔이 떨어져나간 부처님, 외눈박이 화엄신장 등이 이리저리 뒹굴어져 있었고, 석탑들도 많이 부서져 있었다.

 우리들은 덜렁 절터만 남은 것을 아쉬워하며, 연못이 있는 곳에서 부처님과 화엄신장님들을 말끔히 씻어주었다. 그런데 신기하게도 부서진 부분들이 이스트에 빵이 부풀어가듯 원래의 모습으로 돌아오는 것이 아닌가.

 순이와 나는 신이 나서 풀을 베어 얼른 법당을 지었고, 돌이는 불단을 만들어 그 분들을 모셔두었다. 법당 안에 부처님과 신장님을 모셔두니 제법 절 분위기가 살아나는 것 같았다.

우리들은 그분들께 절을 하고, 단정히 앉아 참선을 시작했다. 참선을 시작한지 얼마 지나지 않아 돌이와 순이는 지난 세월동안 담아놓았던 괴로움의 원인인 더러운 집착의 뿌리를 말끔히 잘라버리고 생명모습이 완전히 갖추어진 사바세계의 사람이 되었다.

노력하라

부처님께서 제자들에게 말씀하셨다.

"수행자들이여, 사람들은 이미 죽은 사람을 붙들고 슬퍼 애통해 하지만 그는 이미 홀로 갔으며, 그가 가는 길을 알지도 못한다. 그러나 도를 얻으면 죽어서 가는 길을 알 수 있느니라. 그래서 경전을 읽지 않을 수 없고 도를 닦지 않을 수 없느니라.

이 세상의 모든 사람들이 권세를 제일이라 말하지만 천상과 인간에서 깨달음의 길이 제일임을 알아야 하느니라.

여러 사람이 활을 쏘아 과녁을 맞히려고 하지만 잘 맞히는 사람이 있고 그렇지 못한 사람도 있다. 잘 맞히는 사람은 그만큼 노력한 것이니 누구라도 잊지 않고 노력하면 과녁을 맞힐 수 있다.

　마찬가지로 도를 빨리 얻지 못한다고 한탄하거나 물러서지 말고 부지런히 노력하면 반드시 도를 얻을 수 있느니라."

　믿고 의지할 수 있는 스승이 있다는 것은 참으로 복이 많은 수행자이다.

　그중에서도 중생세계의 대도사인 부처님을 스승으로 모시고 수행한다면 흐르는 물에 배를 띄우는 것 같이 깨달음의 성에 안전하게 도착할 수 있는 것이다.

　수행의 중간지점에 서서 내려가지도, 올라가지도 못하며, 비탄의 번뇌 망상에 휩쓸려 빨리 도인이 되겠다는 상상에 사로잡혀 거의 폐인이 되다시피 한 까까머리 중. 전생에 부처님을 사모한 인연공덕으로 다시 일어나 정진하니 몸과 마음은 썩은 송장이나 다름없었다. 갖은 고통을 감수하며 법당에 앉아 끊임없이 관세음보살을 하며 돌아보니 쿵 하며 다가오는 마음.

　내가 바로 관음일세.

이제는 수행의 길을 알아 걸어가 보지만 아직도 미숙한 까까머리 중. 한 소식했다고 게으름 피웠던 옛날은 저만치 날려 보내고, 한탄하거나 물러서지 말고 부지런히 노력하라는 부처님 말씀을 가슴에 새기며 정진하여 큰 깨달음을 얻어 만 중생을 제도하리라.

유체이탈

저절로 눈이 떠져서 시계를 보니 45분이었다. 3시에 일어나니 조금 일찍 일어난다는 생각으로 간단히 세면을 하고, 좌복에 앉아 좌선을 하였다.

그런데 제시간에 울려야 할 알람이 울리지 않는 것이었다. 조금 이상해서 쳐다보고 또 쳐다보아도 알람은 나를 깨워주지 않았다.

고장 났나? 또 10여분의 시간이 흘러 자세히 살펴보니 시간은 2시 20분을 가리키고 있는 것이다.

1시간을 착각했던지, 1시간을 잃어버렸던지…

졸음이 찾아와 시원한 새벽공기에 잠을 쫓기 위해 밖으로 나갔다. 어두운 하늘에 떠있는 별들이 바로 눈앞에 보이는 것 마냥 반짝거리며 총총한 빛을 발산한다. 한 단계 위에 떠있는 은하수는 지친 나그네의 쉼터를 제공하는 부드러운 별 박이 요가 되어 나를 편안하게 드러눕게 만들었다.

어제 밤에 본 거대한 북두칠성은 자리를 바꾸어 찾아보기 어려웠고, 카시오피아 자리만이 한쪽으로 조용히 앉아있었다.

쏟아질 듯한 진공묘유의 별빛을 마음에 삼킨 채 법당 안으로 들어왔다. 법당으로 들어와 무릎을 꿇고 엎드려 공부를 지어가는 사이 깜빡 졸았나…. 어느 스님이 예불할 시간이 됐다고 하는 소리에 정신은 깨어나 밖으로 나와 있었지만, 나의 몸뚱이는 좌복에 이마를 댄 채 꼼짝도 하지 않았다.

이것이 '유체이탈'이라는 것인가.

"야! 이제 그만 일어나거라."

하는 나의 고함소리에 죽어있던 육체는 알아들었다는 듯 천천히 몸을 일으켰다.

삼천갑자 동방삭

중국 고대의 선녀인 서왕모(西王母)의 천도복숭아를 훔쳐 먹고 삼천갑자(18만년?)동안 살았다는 동방삭이 염라대왕 앞으로 붙들려 갔다.

하늘이 내린 수명을 다하고도 동방삭이 죽지를 않자, 염라대왕이 저승사자를 보내어 동방삭을 잡아오게 했으나 워낙 오래 살다보니 회춘을 하여 날이 갈수록 젊어져 얼굴을 알아볼 수가 없었고, 또 꾀와 변신술이 신출귀몰해서 어떤 저승사자도 그를 잡아오지 못하는 거였다.

일이 이렇게 되자 염라대왕의 걱정이 이만저만이 아니었

빛을 향하여

다. 그때에 젊은 저승사자가 염라대왕 앞으로 나서더니 동방삭을 잡아올 좋은 방법이 있으니 걱정하지 마시고, 자기에게 맡겨달라는 거였다.

난다 긴다 하는 구참 저승사자들도 동방삭을 잡아오지 못했는데, 젊은 저승사자가 나서서 잡아오겠다고 큰 소리를 치니 아무도 그를 믿지 못했다.

그렇다고 다른 방법도 없었던 터라 염라대왕이 허락을 하자 젊은 저승사자는 동방삭이를 잡으러 인간세계로 내려왔다.

그런데 동방삭을 잡으러 다닐 생각은 안하고, 매일 시장통 입구에 앉아서 숫돌에 시커먼 숯을 갈고 있었다. 지나가는 사람마다 신기해서 물어보았다.

"여보쇼! 지금 뭐하는 거요?"
"보면 모르오. 숯을 갈고 있잖소."
"그걸 누가 모르오. 왜 숯을 가느냐 이 말이오."
"그야 숯을 갈아서 희게 만들려고 하는 거 아니오."
"에끼 이 양반아 숯을 갈아서 희게 만든다는 말은 내 머리털 나고는 처음 듣소."

"별 미친놈 다 보겠네. 내가 팔십 평생을 살아도 숯을 희게 만든다는 말은 처음이다. 어허, 생긴 건 멀쩡한 놈이 미쳤구먼."

그러기를 3년이 지날 쯤 복사꽃 바람이 분분히 날리던 어느 봄날 변함없이 저승사자가 숯을 갈고 있었다. 기골이 장대하고 훤칠하게 생긴 한 청년이 지나가다 그 모습을 보고 무얼 하느냐고 물었다.

"숯을 갈아서 희게 만들려고 하오."

그 말을 들은 청년은 하하하 웃으며 말했다.

"예끼 여보쇼. 내가 3천 갑자를 살았어도 여태 숯을 갈아서 희게 만든다는 말은 난생 처음 듣소. 거짓말 하지 마시오."

그 말을 들은 저승사자도 하하하 웃으며 말했다.

"그래 이놈, 네 말이 맞다. 거짓말이다. 어떻게 숯을 갈아서 희게 만든단 말이더냐."

"내가 동방삭 네 놈을 잡아가기 위해서 3년 동안 숯만 갈며 살아왔다."

동방삭은 하지 말아야 할 말을 한 것이다. 우리들은 살면서 항상 입조심을 하여야 한다. 혼자 있을 때 보다 많은 사람이 함께 있을 때 무심코 내뱉는 한 마디 말실수가 돌이킬 수 없는 결과를 가져오기도 한다. 성공한 사람들도 말실수 하나 때문에 하루아침에 명성을 잃는 경우도 다반사다. 말을 함부로 하는 것은 모래에 물을 붓는 것과 같아서 끝내 주워 담을 수 없는 것이다.

수행이 어느 정도 익어 가면 사람들의 길흉화복이 보이기도 하고, 자신의 공부를 자랑하고 싶은 마음에 동방삭처럼 자신도 모르게 말이 저절로 뛰어나오게 된다.

'내가 지금 무심코 뱉은 작은말이 다음날 피눈물이 되어 돌아올 수 있으니 한 마디의 말도 신중히 해야 한다.'

산행

아침 공양을 마치고, 아직 어두움이 남아있는 산으로 올라갔다.

절 바로 옆에 있는 산은 가파르고, 잔 나무들이 우거져있어 헤치고 가기가 어려웠다. 그러나 여름 산의 풍성한 잎들과 싸우며 올라가는 것 보다는 덜 힘들었다.

간혹 가다 보이는 산짐승의 발자국이 어둠과 함께 바짝 긴장감을 주기도 하였다. 아직 이른지 송이와 능이버섯은 보이지 않았고, 간혹 독버섯들이 보이기는 하였다. 또 이곳은 송이버섯이 나오지 않는 산일지도 모른다.

깎아지른 산을 한 발짝 한 발짝 옮기다 보니 어느덧 정상 부위에 다다랐다. 산등성이에는 큰 소나무들이 많아 송이가 제법 나올 것 같은 느낌이 들었다.

 색깔이 예쁜 소나무를 감상하며 능선을 따라 올라가니 국유림 사무소에서 닦아 놓은 시원스러운 길이 펼쳐져 보였다. 등산화를 신은 나의 발은 저절로 길 위로 올라서 산길을 걸어갈 준비를 하고 있었다.

 깊숙한 산속의 이른 아침 길은 조용하면서도 갖가지 산새들의 외로운 울음소리가 낯선 사람이 반가운 듯 끊임없이 울려 퍼졌다.

 나는 지팡이를 짚으면서 염불을 하고, 때로는 휘파람을 불면서 끝을 모르는 산림 길을 걸어 나갔다. 가까이서 사람을 보고도 놀라지 않고, 때 묻지 않는 다람쥐와 인사를 나누고 웅장하면서도 오묘한 산새를 감상하며, 흥겨운 발맞춤으로 빼어난 산을 구경한 보답을 하였다.

 오! 옛날에는 분명히 총림이 있었던, 아니 큰 절이 들어서기에 부족함이 없는 산이었다. 어느 정도 길을 걸어가니 내가 사는 절 주위의 경치가 내려다 보였다. 우리 절이 있는 곳은 산줄기의 기운들이 모여 있는 뛰어난 곳이었다. 나의 마음은 요동을 쳤고, 순간 속일 수 없는 순수한 욕심이 나를 감쌌다.

생각지도 않던 산길을 걷다 보니 끝은 보이지 않았고, 다리는 아파오고, 유턴을 하여 하산을 하였다. 오랜만에 많이 걷고, 거친 산을 오른 나의 다리는 힘이 빠져 후들후들 거렸다. 천천히 조심스럽게 산을 내려와 시계를 보니 9시 20분이었다. 5시 50분쯤에 산행을 시작했으니, 3시간 30분가량을 열심히 걸은 것이다.

암

요즘처럼 사람들에게 암이 많이 발생하는 시기도 없는 것 같다. 주위의 인연된 많은 사람들이 갖고 싶지 않는 암을 얻어 가족들과 힘겨운 투병생활을 하고 있다. 우리나라 사망률 1위인 암.

옛날에는 암은 신이 인간에게 내린 최악의 벌로 불치병으로 낙인 찍혔으나 지금은 암도 치유할 수 있는 희망의 세계가 눈앞으로 다가온다.

나이가 들어서 걸렸던 암, 그러나 암을 정복할 시기가 얼마 남지 않는 지금, 한창 젊은 나이인 10대 · 20대에도 걸리는 암은 연령과 성별을 따지지 않고 사람들에게 찾아온다.

  암 발생의 원인은 정확한 것은 없다. 암은 하나의 큰 병이지만 실제로는 200개의 질환을 한데 묶은 것이며, 종류마다 원인이 다르다고 한다.

  수행자의 입장에서 바라본 암은 스트레스와 마음응어리가 뭉쳐진 것에서 나온다고 할 수 있다. 그 응어리는 지금 만들어진 것이 아니라 과거에서부터 현재까지의 삶에서 뭉쳐져 나오는 것이라 말할 수 있다.

  노여움의 응어리, 슬픈 응어리, 쾌락의 응어리, 실패의 어두운 응어리 등이 여러 조건에 의해 윤활하게 흐르던 통로가 막히고, 순환이 되지 않아 걸리는 질병이다.

  우리의 몸은 3등분으로 나눌 수 있다. 얼굴과 목의 머리 부분, 목 아래 부분부터 배꼽 밑 하단전까지의 몸통부분, 배꼽 밑에서 발밑까지 하체의 세부분으로 나누어 보았다.

  우리의 몸 안에서는 물이 순환하면서 불기운들이 돌아다닌다. 정확히 말해서는 몸 전체에는 물(水)이 순환이 되면서, 머리 부분에는 7개, 몸통부분에는 10개, 하체에는 7개의 구슬보다 조금 큰 동그란 불기운들이 돌아다니며, 이들은 때로는 하나로 합쳐져 있기도 한다.

그런 동그랗고 신령스러운 기운이 돌아다니다가 수많은 악한 인연에 의해 물은 탁해지고, 부패하면서 멈추는데, 그것이 암이 되는 것이다.

치료방법에도 많은 것들이 있지만 암 처방에 의한 약으로 몸을 치료하면서, 기도와 참회로 몸 안의 순환되지 않는 물과 불기운을 돌려주는 것이 우선이다. 막혀있던 수로(水路)와 화로(火路)를 뚫어주고 폭포수와 같은 참회의 눈물을 흘리면 나를 괴롭혔던 암세포는 녹아내릴 것이다.

서울에 있을 때 방광암이 재발한 보살님이 관음선원 포교당에서 기도하여 암이 다시 재발되지 않았던 것은 좋은 예이다.

우주 만물은 하나의 힘으로 이루어진 것이 아니라 많은 인연이 모여서 만들어진 것이다. 우리의 병들도 그렇다. 평소 건강하다고 함부로 행동하지 말고, 절제 없는 나쁜 식습관을 익히지 말며, 몸과 마음을 정화하는 수행을 통해 건강을 유지하고, 예방하는 것이 좋은 방법인 것 같다.

익다

　　　　　점심 공양을 한 후 설거지를 하는데 갑자기 이상한 놈이 뛰어나와 듣고 보지도 못한 이상한 억양의 말을 하는 것이었다.

"너는 누구냐!" 하고 물으니

"나는 스님의 종입니다." 하는 것이었다.

"불교에서는 주인과 종이 따로 없는데, 너는 왜 나의 종이라 하느냐"는 나의 물음에

"나는 스님의 종이지만 주인도 될 수 있고, 관세음보살도 될 수 있습니다."

하면서 하 하 하 웃으며 사라져 버렸다.
 신기하기도 하고 이상한 그놈을 불러보았으나, 다시는 나타나지 않았다.

 공양 중에도 상추쌈을 어떻게 싸먹는지도 잊어버리고, 라디오를 옆에 갖다 놓고도 불교방송을 끄는 일도 잊어버린다.
 아침에는 떨어져 죽어있는 나방을 보고 불쌍하기도 하고, 나방과 내가 둘이 아닌, 내가 나방이고, 나방이 나인 것 같은 착각 속에서 앞산을 바라보니 나무와 공기들도 나와 다르지 않으며, 만물과 더불어 내가 다르지 않다는 것을 느낄 수 있었다.
 사명산에 들어오기 전의 모습과 들어온 후의 나의모습은 확연히 달라졌고, 마음에는 그전의 고난과 고통은 잊어버려 평화만이 감돌고 있었다.
 들판에 자라는 고추가 가을볕에 빨갛게 익어가는 것처럼, 신선한 가을바람을 맞으며 살아가는 까까중이 조금씩 도물이 들어가는 것이 아닌가 하는 생각 속에서 하루를 보낸다.

교육

　　행자시절을 마치고 사미계를 받으면 승가대학이나 동국대학, 기본선원 중 한곳에 들어가 4년 동안의 교육과 수행을 통해 정식스님이 되는 비구계를 받게 된다. 이것이 선교육(先教育 : 먼저 교육하고) · 후득도(後得道 : 나중에 도를 얻는다)의 현재 조계종 교육의 실정이다.

　교육은 인간을 인간답게, 수행자는 더욱 발심 정진하여 큰 깨달음을 얻는 계기를 마련하기도 한다. 미래를 이끌어갈 인재를 발굴하고, 인성을 단련시키는 것이 교육이다.

　교육이 없는 사회나 국가는 절망적이고, 발전 없는 생활을 하면서 살아간다. 그들의 삶은 먹고 마시며, 잠자는 기본적인 생활에만 충실할 뿐, 인간존중이나 인간의 가치를 추구할 생각은 없다. 공부를 다 한 한가한 도인도 무위법을 채우는 공부에 들어가기도 한다.

교육이 없는 문명은 역사의 뒤편에 서 있다 사라질 뿐이다. 교육은 옛날이나 지금이나 없어서는 안될 인류의 큰 프로젝트이다.

내가 출가할 때만해도 선교육·후득도, 선득도·후교육의 교육방향을 그리 강하게 제시하지 않았다. 조계종은 선종의 가풍을 이어 받아서 그런지 스님들 대부분이 자유롭게 자신의 진로를 선택했었다.

내가 처음 선택한 것은 깨달음을 얻는 수행이었다. 회귀본능이 강한 연어처럼, 난 전생의 수행의 힘을 이어받아서 그런지 스스로 관음도량으로 발걸음이 떨어졌다.

나의 고향, 나의 스승, 나의 친구, 나의 연인이 머물고 계시는 관음도량으로 들어가 힘이 빠진 정신과 육체를 충전하였고, 마음 달을 발견하게 된다. 그후에도 정진은 쉬지 않았고, 우연히 찾아간 암자에서 날마다 좋은 날들을 보내게 되었다.

그러나 어느 날 한계에 부딪친 나는 더 큰 그릇을 만들기 위해, 자유롭고 아름다운 날갯짓의 비상을 위해 승가교육의 현실을 받아들이게 된다. 그래서 선택한 도량은 승가교육과 현대교육을 접목한 선지식 양성을 목표로 세운 중앙승가대학이었다.

산중에서만 살았던 젊은 스님은 OT 때 만난 도반스님들이 왜 그렇게 어리게 보였던지….

도반들과 한방에서 지내며, 완성되지 않은 마음을 서서히 다듬고, 보듬어 가면서 진정한 중물을 들여갔고, 학생회장의 무거운 소임을 받아 보살정신을 배우기도 하였다.

잘하고, 잘못한 것을 확실히 구분 지었던 학인시절, 때로는 거친 도반과 의견충돌을 벌이다가 뒤돌아 화해도 하고, 때로는 조심조심 곡차도 마셔가며 한국불교의 발전을 진지하게 이야기했던 까까머리 중들은 지금 어디에서 살고 있는지.

풋밤

논두렁길 옆 밤나무에 밤송이가 풍성하게 달렸다. 같이 산책 나온 지팡이를 가지고 밤나무 가지를 때리니 밤송이 몇 개가 골프공이 날아가는 것 마냥 포물선을 그리며 땅에 떨어졌다.

얼른 논길을 따라 아래로 내려가 발로 밤송이를 밟고, 지팡이로 옆구리를 힘차게 눌러대니 하얀 풋밤 3형제가 살포시 수줍은 모습을 보였다.

아직 다 자라나지 않은 조그만 밤톨들이 세상 구경을 한다. 그중 제일 큰 밤을 입에 물어 껍질을 벗기고, 떨떠름한

속껍질을 벗겨내니 못생겼지만 자르르한 기름기가 흐르는 밤알이 만들어졌다.

반쪽을 잘라 먹으매 연약한 살이 입에서 녹으면서 싱그러운 밤즙이 입안으로 감돌기 시작하더니 머리와 온몸에 풋밤의 향냄새가 전달되어 온다. 아기의 볼을 깨무는 풋밤의 맛.

옛날에는 밤이 귀했었다. 추석 전후 가을이 점점 깊어질 때, 아이들과 짝을 맞춰 밤을 따기 위해 산으로 들어간다. 어디서 어떻게 만들어진지 모르는 긴 작대기로 밤톨을 때리면 아람이 벌어진 밤송이에서 자연 그대로의 멋진 색깔이 후드득 거리며 떨어졌고, 아직 벌어지지 않는 밤송이를 까는 것은 온 마음을 집중하여 가시 같이 삐져나온 나의 성격을 고치는 하나의 수행이었다.

밤을 떨다 밤송이에 머리를 맞으면 욱씬 욱씬 쑤시고 아프면서도 웃음이 떠나지 않는 정체불명의 놀이였다. 그렇게 햇밤을 신발주머니에 한가득, 바지 주머니에 가득히 담아오면 세상이 내 것인양 마냥 기분이 좋았다.

집안 농장에 큰 밤나무가 몇 그루 심어져 있으니, 밤나무를 관리하는 일도 재미있었다. 나뭇가지가 꺾어질 정도로 흐드러지게 밤이 익으면 할머니와 동생들과 함께 밤을 따 한

솥 푸짐하게 삶아 식구들이 모여앉아 작은 숟가락으로 떠먹는 삶은 밤맛은 둘이 먹다 둘이 다 죽어도 모르는 살인적인 맛이었다.

그 농장에는 검은 옷을 입고 계신 관세음보살이 계시고, 스핑크스 바위들과, 병풍바위들이 좋은 경치를 이루고 있어 절집이 들어서기에 안성맞춤이었다.

뒷날 출가하여 그곳에 토굴을 묻고 수행정진 했지만 아직 때가 되지 않았다하면서 도량신들이 젊은 스님을 밀어 내린다.

세상을 한 바퀴 돌고 다시 찾아와 이곳에 절을 세우겠다고 도량신에게 재차 강조하니 거친 억새풀만이 허리와 머리를 숙이며 화답을 해주었다.

염력

 정성껏 염불을 하여 한 경지를 이루면 염력(念力)이 생긴다. 즉 자신이 원하는 것을 시간과 공간에 구애받지 않고 바로 눈앞서 보는 것처럼 선명히 볼 수 있다. 사물을 마음먹은 대로 움직일 수 있으며, 원하고 뜻하는 바를 이룰 수 있다. 그러나 이러한 것들은 선(善)이 밑바탕이 되어야 윤활하게 이루어지지만 삿된 생각과 마음으로 염력을 쓰면 악마의 노예가 되기 십상이다.

 사람이 먼저 되어야 한다는 말이다.

허블 우주망원경은 지구 대기권 밖에서 지구 중심궤도를 돌고 있는 천문 관측용 망원경이다. 미국 천문학자 에드윈 허블(Ewin Hubble)의 이름을 따서 지어진 이 망원경은 지구 대기권 밖에서 가동 되는 우주망원경들 중 가장 크고 가장 유명한 망원경이다.

1990년 4월 25일 디스커버리 우주 왕복선에 실려 지구 상공 610Km 궤도에 오른 뒤 우주관측을 하면서 아름답고 장엄한 우주의 실체를 우리들에게 보여주었다. 2005년까지 15년간 공식적인 임무를 마친 지금도 우주상공에서 96분마다 한번씩 지구를 돌며 우주를 관측한다고 한다.

허블의 이름을 딴 우주망원경은 빅뱅이후 약 40억년에서 90억년이 지난 우주를 보여주는 전자기 스펙트럼의 일부를 볼 수 있다고 한다.

허블망원경의 후계자인 제임스 웹 우주망원경은 멀리 볼 수 있는 큰 눈을 가지고 있어 적외선 부근에서 스펙트럼 범위가 더 넓어지며 또한 우주가 아직 젊은 최초의 별과 행성들이 형성되던 시기인 빅뱅 이후 약 1억년까지 관측할 수 있다고 한다. 이렇게 되면 각기 다른 은하들을 찍은 많은 사진을 살펴봄으로써 전체 은하들이 오늘날까지 어떻게 진화해

왔는지 규명할 수 있다고 한다.

우리는 오늘날 은하들의 생김새는 알고 있지만, 어떻게 이런 모습이 되었는지에 대해서는 별로 아는 바가 없다고 한다. 만약 은하들의 형성과정을 잘 안다는 사람이 있다면 그는 아마도 1930년대에 에드윈 허블이 제안한 은하의 진화 이론들을 인용하고 있다고 한다.

광활한 우주를 훤히 내다볼 수 있는 염력을 사용하는 것은 성인의 경지에서나 가능하다. 강한 정신력으로 시간과 공간을 걸림 없이 내다볼 수 있었던 신통력이 이제 점점 현실로 다가온다. 그렇다면 사람이 하늘을 날아다니거나 공간 이동을 하는 초능력이 우리 눈앞에서 이루어질 시기가 멀지 않았다는 증거이다.

그리고 불보살의 세계가 존재하고 있다는 것을 천문학이 확실히 밝혀주기를 기대해본다.

다람쥐

　　한동안 보이지 않았던 다람쥐들이 눈에 자주 뜨인다. 가을이 다가와 먹이를 저장해 두기 위해 분주히 뛰어다니는 것 같다.

　이곳 사명산에 살고 있는 다람쥐는 다른 지역에 살고 있는 다람쥐보다 조금 더 순수하다고 할까. 모습도 깔끔해 똘똘하게 보인다.

　하루는 산행을 하다가 다람쥐와 나는 코앞의 간격을 두고 있었다. 그런데 내가 보이는지 안 보이는지, 그 귀여운 놈은 꼼짝을 하지 않았고, 우두커니 서서 나와 대치하고 있었다.

다람쥐는 나를 고목나무쯤으로 착각을 하고 있었을지도 모르겠다. 이때 장난기가 발동한 나는 숨을 참고 있다가 갑자기 "악!" 하며 소리를 내질렀다. 가만히 서있던 다람쥐 녀석은 기겁을 하며 내빼는 것이었다.

오래전 설악산 오세암에서 살 때였다. 오세암 옆을 가로지르는 계곡 넘어에 조그마한 황토벽 집 한 채가 있었는데, 나는 그곳에 살면서 암자의 백의관세음보살이 모셔진 법당으로 기도를 다니곤 하였다.

계곡과 계곡 사이에는 큰 통나무를 엮어서 외나무다리를 놓았고, 출렁거리는 다리를 건너자면 외줄을 타는 광대처럼 아슬아슬 하면서도 재미가 있었다.

그 오세암에 사는 다람쥐는 조금 방정맞다고 할 수 있다. 어찌나 경망스러운지 조금도 쉴 사이 없이 뛰어다니며 사람들을 희롱하고, 도량을 어지럽히고, 사람이 있건 없건 암수가 교미를 하는 전대미문의 일을 벌인다.

아궁이에 불을 땔 때면 볼에 먹이를 한 움큼 집어넣고 나를 놀리면서 먹이 숨길 곳을 찾던 다람쥐 가족. 바위틈에 살고 있는 스몰 쥐와 도마뱀은 힘든 정진의 활력소가 되었고,

다람쥐는 외롭게 사는 초라한 스님의 친구가 되어주었다.

오세암은 설악산 깊은 곳에 자리잡고 있어서 한 여름에도 서늘한 기운이 감돌고 모기 또한 찬 기운에 사라져 버렸다. 계곡의 뼛속까지 시린 물로 목욕을 하며 기도하던 암자. 인적이 끊긴 겨울에는 너무 춥고, 눈 또한 많이 내린다. 다람쥐도 고단한 삶의 겨울잠을 잔다.

눈이 많이 내려 온 산이 하얗게 변할 때, 오세동자처럼 목숨을 떼어놓고 공부하겠다던 스님은 어느새 자취를 감춰버렸다.

지금 살고 있는 양구 목넘어 계곡은 겨울에는 엄청 춥고 눈 또한 많이 내린다고 한다. 나는 이곳에서 겨울을 나며, 못다한 공부를 해보고 싶고, 하얀 눈이 소복이 쌓인 대지를 끌어안고 싶다. 그나저나 물이 끊이지 않고, 얼지 않으면 좋으련만….

비만

 과거 배고픔에 허덕이던 시절, 보릿고개를 걱정하던 시절에는 뽀얀 피부와 통통하게 살이 찐 것은 부와 권력의 상징이기도 하였다. 뽀얀 피부를 가진 시골의 여자아이는 또래 사내아이에게 인기가 있었다.

 배가 나와야지 사장 소리를 듣던 시절이었고, 사람들의 부러움을 사기도 하였던 비만. 지금은 물질과 식량이 풍부하여 배고픈 시절은 지나가고, 배가 나오고 살이 비대하게 찌는 사람들을 자주 목격하게 된다. 특히 고기로 주식을 삼는 서양에서는 비만으로 고통 받는 사람들이 심각할 정도로 많은 것이 현실이다.

그래서 이 비만을 치료하는 약을 개발하는 사람은 돈방석에 앉는다는 우스갯소리를 하기도 하였다. 이렇게 비만이 사회적 이슈로 떠오르는 것은 비만으로 인해 각종 성인병과 심각한 우울증이 찾아오기 때문이다.

비만으로 인해 발생하는 성인병은 매우다양하고 심각할 정도이다. 장기간의 비만은 고혈압, 당뇨, 동맥경화, 암과 같은 성인병을 일으키기 쉽고, 그 시기는 보통 성인병이 찾아오는 나이보다 훨씬 더 이를 수 있으며, 사망률도 보통사람들보다 10배 이상 높게 나타난다고 한다.

많은 사람들이 비만에서 탈출하고 싶어 한다. 비만에서 탈출하여 건강을 되찾고 자신 있는 생활을 하고 싶어 한다. TV의 비만 프로그램이 인기 있는 이유가 여기에 있다. 그러나 오래된 비만은 살이 쉽게 빠지지 않는 것이 현실이다.

비만은 마음 안에 식욕이 강해서 일어나는 현상이다. 그래서 강한 식욕을 이기지 않으면 안된다. 식욕은 수면욕, 음욕과 함께 3대 인간근본 욕심에 속해서 뜻대로 되지 않는 것은 사실이다.

짧은 시간에 많이 먹고, 유산소 운동의 부족이 살을 축적

시키는 요인인 것 같다. 식 습관과 여가생활을 활용하는 것이 중요한 실천사항이며, 자기관리에 철저함이 비만탈출의 생명줄인 것 같다.

스님들처럼 절에서 맑고 밝은 기운의 음식을 먹으면서 일종식이나 오후불식을 한다면 살과의 전쟁에서 백 프로 승리를 거둘 수 있다는 생각이 든다. 이렇게 수행하는 마음으로 살아갈 때 절망적인 비만은 없어질 것이다.

부처님 당시에도 비만 때문에 고생하는 왕에게 부처님은 바른 가르침을 주어 날씬하고 건강한 몸을 되찾을 수 있게 하였다.

석가모니께서 자주 왕들의 내방을 받고 자세한 교시(教示)를 주시는 때가 많았다. 이날도 고사라 왕 파사나디의 내방을 받았다.

그런데 파사나디 왕은 숨을 크게 몰아쉬면서 헐떡거렸다. 까닭을 물었더니 가끔 음식을 많이 먹는데, 오늘도 미식으로 많이 먹고 오는 길이라고 하였다.

석가모니는 돼지처럼 부푼 배를 붙들고 들어오는 파사나디 왕의 모습을 보고 미소를 지으면서 말씀하셨다.

"대왕님, 자신의 양을 생각하여 적당히 음식을 드십시오. 그러면 괴로움도 적을 것이요, 젊음도 오래 누릴 수 있을 것입니다."

왕은 석가모니의 말씀을 듣고 크게 깨달았으나 이내 곧 그 말을 잊어버린 고로 옆에 있던 소년 우따라에게 그 말을 외워 두었다가 음식을 먹을 때마다 백전씩을 주겠다고 했다.

우따라 소년은 그 뒤부터 왕이 음식을 먹을 때마다 그 말을 외움으로써 왕이 날씬하고 건강한 몸을 가질 수 있었다.

왕은 건강이 원래대로 회복하자 용모도 근엄하고 단정해졌다. 왕은 자신이 이렇게 된 것은 석가모니 부처님의 가르침으로 생각하고 그가 있는 곳을 향해 절하면서 이렇게 읊었다.

"진실로 두 가지 이득을 저에게 주셨습니다. 세존의 가르침으로 현재의 이익과 미래의 이익을 한꺼번에 얻을 수 있었습니다."

한 우물을 파라

중국 수나라 때의 승려인 혜공과 혜원은 사형·사제지간 이었으며, 젊을 때 결정코 불도를 성취하겠다는 서원을 함께 세웠다.

그리고 사제인 혜원스님은 장안으로 가서 여러 경전을 남김없이 독파하여 대강사가 되었고, 혜공스님은 강화로 가서 오로지 『관음경』만을 외우며 정진하였다.

두 스님은 헤어진 지 30년만에 다시 만나게 되었는데, 이때 혜원스님은 여러 경전의 심오한 도리를 쉴 사이 없이 말하였으나, 사형인 혜공스님은 한마디의 응답도 없이 묵묵히 듣고만 있을 뿐이었다.

 홀로 열변을 토하다가 멋쩍어진 혜원스님은 혜공스님에게 물었다.

"사형께서는 도무지 말이 없으시니 그 동안 어떤 공부를 하신 것입니까?"

"나는 원래 천성이 우둔하지 않은가. 그래서 『관음경』 한 권만을 읽고 외웠을 뿐이라네."

"관음경이라면 세속의 불자들도 모두 외울 수 있는 경전이지 않습니까. 사형께서는 나와 더불어 불도를 성취하겠다는 서원을 세웠거늘, 30년이 지나도록 겨우 『관음경』 한 권만을 외웠단 말이오. 이것은 우둔한 것이 아니라 나태한 증거요. 서원을 저버린 사형과는 그만 인연을 끊겠소이다."

혜공스님은 흥분한 혜원스님에게 차분히 말하였다.

"『관음경』이 비록 적은 경전의 분량이지만 역시 부처님의 말씀이 아니더냐! 그 말씀을 믿어 받들면 무량한 복을 받을 것이요, 그 경전을 경솔히 생각하면 죄를 짓게 되는 법이다. 그렇게 성만 내지 말고, 서로의 인연을 끊기 전에 내가 외우는 『관음경』을 한 차례만 들어주게.'

"허허, 『관음경』은 내가 백 번도 더 가르친 것인데, 어찌 시끄럽게 들으라고 하시오."

"불법이 사람을 키우는 것이지, 사람이 불법을 키우는 것은 아니네. 다만 지성으로 부처님말씀을 들으면 그만이지, 왜 사람을 핑계하여 법까지 버리려 하는가."

이 말을 무시할 수 없었던 혜원스님은 마지못해 혜공스님의 『관음경』 독경소리를 들어야만 했다.

혜공스님이 경의 제목을 읽자 이상한 향기가 방안에 충만하였고, 본문을 읽어나가자 천상의 음악소리가 울려 퍼지면서 네 가지 꽃비가 내리기 시작했다. 천상의 음악소리는 갈수록 미묘한 곡조로 바뀌었고 꽃비는 분분히 휘날리더니, 혜공스님이 『관음경』 외우기를 끝내자 꽃비도 음악소리도 일순간에 멎는 것이었다.

눈앞에 전개되는 기적에 깜짝 놀란 혜원스님은 자신의 오만함을 깊이 뉘우치고, 혜공스님 앞에 엎드려 눈물을 흘리며 사죄를 하는 것이었다.

"한갓 냄새 나는 송장에 불과한 혜원이 감히 불법을 깊이 깨달았다며 자부하고 살았습니다. 부디 저를 깨우쳐 주십시오."

처음 불문에 입문할 때는 불교의 전반적인 교리나 선서(禪書) 등의 지식을 공부할 필요가 있다. 그래서 초보수준을 벗어났으면, 하나의 수행법과 평생수지 독송하는 경전을 가져야 한다.

이러한 것을 선택하기 힘들다면 자신이 좋아하는 수행이나 경전을 선택한다면, 전생에서부터 해온 선근이 있기 때문에 좋은 결과를 가져올 것이다. 그렇지 않고 오늘은 이것 하고 내일은 저것 하면서 자주 바꾸다보면 깨달음은 찾아오기 힘들다.

지금 이 시대에는 다재다능한 사람을 바라고 있다. 텔런트가 가수를 겸하고 있고, 가수가 자신의 재능을 뒤로한 채 텔런트와 사업에 뛰어들기도 한다. 그리고 다방면에 활동하여 두각을 나타내어 인기를 얻기도 한다.

그러나 사업은 뜻대로 되는 것이 아니고, 인기는 나를 항상 기다려주는 것이 아니라 아침의 이슬처럼 반짝 하고 마는 것이며, 하늘에 떠 있는 무지개를 잡으려는 것과 똑같다. 그래서 인기를 따라가다가는 인생을 망치는 경우가 허다하다. 반면에 묵묵히 하나의 일에 매진하고, 하나의 수행과 경전에 정신을 집중하다보면 거기에서 오는 깨달음은 자기의 살림살이며, 평생 내 공부로 남는 것이다.

'우공이산(愚公移山)'이란 말이 있다. 어리석은 영감이 산을 옮긴다는 뜻으로 어리석어 보이는 일이라도 한 가지 일에 포기하지 않고 꾸준하게 노력한다면 언젠가는 목적을 달성할 수 있는 것이다.

'하나의 우물을 파라. 한 길을 걸어가라. 온 힘을 다하라.'

누가 뭐라고 해도 한길을 걸어 나가 그 분야의 대가가 되라. 그런 사람이 부처님의 진정한 제자이다. 하나의 우물을 파 내려가는 것이 성공의 지름길이요, 깨달음의 초석이 될 것이다.

부처님께서는 『증일아함경』에서 이런 말씀을 하셨다.

"마땅히 한 법을 수행하고, 마땅히 한 법을 널리 펴라. 한 법을 수행하면 문득 명예가 있게 되고, 큰 과보를 이루며, 모든 선(善)이 널리 퍼지게 되고, 감로의 맛을 얻어 무위처에 이르며, 문득 신통을 이루어 모든 어지러운 생각을 제거하여 열반에 이른다."

산돼지 보살

저녁 예불을 준비하고 나서 시간이 조금남아 마당 앞을 서성거렸다.

이슬비와 어두움이 교차하는 안개가 낀 옆산에서 이상한 소리가 들려왔다. 그전에도 간혹 산에서 짐승 우는 소리가 들려서 대수롭지 않게 생각하였다. 그런데 그 소리가 끊이지 않고, 점점 가깝게 들리는 것이었다. 그래서 소리 나는 곳을 유심히 살펴보니 산돼지 한 마리가 이쪽을 보면서 무엇이 못마땅한 듯 발을 구르며, 씩씩 우르릉 거리는 것이었다.

여행을 다닐 때 깊은 산속을 걸어 다니면서 무서운 느낌도 들었지만 한번 산돼지를 만나보고 싶었었다. 그러나 발자국만 보고 끝내 돼지와의 상봉은 이루어지지 못하였다. 그런 돼지가 내 눈 앞에서 자신의 기운을 자랑하며 결투를 신청하는 것만 같았다. 돼지는 크지도 않고 작지도 않는 중간크기의 회색 빛깔이 강한 모습이 느껴졌다.

나는 자세히 살펴보면서 어울리지 않는 강한 미소를 돼지에게 전달했다. 그랬더니 몇 번 씩씩 돼지 소리를 내더니 산속으로 유유히 사라져 버렸다.

'돼지보살님 잘 지내봅시다. 이 산에서 함께 살고 있는데 화내지 말고, 잘살아 봅시다.'

옛날 깊은 산속에 율무가 자라나면 그곳은 필시 스님이 산길을 홀로 걷다가 산짐승에게 변을 당한 곳이라고 하였다. 옛날에는 율무열매로 염주를 많이 만들었고, 그 열매는 자생능력이 뛰어나서 주검을 양분삼아 자라난다고 하였다.

사람들은 꿈속에서 돼지를 보면 복권을 산다. 꿈에 본 돼지가 재물을 가져준다고 믿었기 때문이다. 나는 현실에서 돼지를 보았다. 어떻게 될까?

앞으로 원하는 일이 순조롭게 잘 풀리려는 징조이겠지.

꿈보다 해몽이라는 말이 있지 않는가. 하 하 하!

방랑자

평소 잘 걷지 않는 다리로 며칠 전 무리하게 산행을 해서 그런지 왼쪽 무릎에 이상이 생긴 것 같다. 앉았다 일어서면 깊숙한 곳이 심하게 아파와 인상을 찌그리기도 한다.

나는 이 두 다리로 잘 돌아다녔다. 어렸을 적부터 돌아다니는 것을 좋아했을지도 모른다. 산길, 들길, 오솔길, 아스팔트길 할 것 없이 닥치는대로 마음과 발길이 가는대로 돌아다녔다.

정기적으로 하루에 동네 한 바퀴를 돌고, 찬 방바닥에 누워 땀을 식힌 후 심심해지면 한두 바퀴를 더 돌았다.

돌아다니면서 내가 하는 일은 주위에 있는 사람과 물건을 관찰하면서 처음만나고, 신기한 세상을 마음에 담는 것이었다. 나무나 참새, 개, 집, 사람들을 바라보면서 연민의 감정을 느꼈고, 마음으로 관찰하는 것에 매력을 느꼈을지도 모른다. 어떻게 보면 나는 어린 시절부터 마음수행을 하였고, 다른 사람들 보다는 특이하고 엉뚱한 마음을 가졌을지도 모르겠다.

청년기에는 붓다가 되어 보겠다고 춘천 바닥을 몇 날, 며칠을 돌아다니며 수행할 곳을 찾아보았고, 다시 버스를 타고 속초에 도착을 해서 양양까지 걸은 다음 지치고 아픈 다리를 이끌고 미시령을 넘는 대담함까지 보였다.

출가해서도 방랑자의 생활은 이어져 특별한 내 집 없이 돌아다니며 세상 구경을 하였다.

한참 돌아다니다가 몸과 마음을 쉬려고, 남해 보리암에서 염불을 할 때에는 환희심에 젖어 붓다와 같은 수인을 맺은 나를 바라보니, 이제 죽어도 원이 없다는 생각마저 들기도 하였다.

방랑자 김삿갓이 전국을 다니며 살아있는 법문과 쓴 소리를 마다하지 않았지만 나는 산천을 유랑하면서 관세음보살의 마음으로 세상을 바라보고자 노력하였다.

부처님은 45년간 드넓은 인도 전역을 다니시면서 깨달음을 설파하고, 교화하여 중생의 어두운 눈을 뜨게 한 방랑자의 대부이다.

어느 순간 난 방랑자의 삶을 정리하고, 이곳에 들어앉아 미래의 양식을 주워 담는 중이다.

하늘

 방문을 열고 밖으로 나가려다 멈칫하였다. 독사 새끼 한 마리가 문 앞에서 똬리를 틀고 있는 것이 아닌가.

 전에도 두어 번 법당 앞에 있었던 터라. 무슨 사연이 있기에 여기에 와 있느냐고 물었다. 독사 새끼는 대답은 안하고 몸을 일으켜 나만 빤히 쳐다보고 있는 것이었다.

 할 수 없이 집게를 가지고 몸통 앞부분을 짚었는데, '썩어도 준치'란 말처럼 새끼이지만 엄연한 독사에 속한지라 몸을 사정없이 비틀고 큰 입을 벌려가며 집게를 물면서 공격을 하는 것이었다.

죽일 수는 없는 일이고, 5m 앞 풀숲더미에 독사 새끼를 놓아주었다.

우리들의 일거수일투족이 비디오카메라에 담기는 것을 아는가? 하늘이 우리를 항상 바라보고 있고, 비디오에 우리의 영상을 담으며, 중요한 일들은 카메라로 찍어서 영상과 사진을 우리의 인식 밖의 세계에 모아두는 것이다.

우리의 마음을 살피고, 그 마음이 선하고, 보리심을 일으켜 깨달음으로 나가는 사람은 부처님이 항상 그림자처럼 따라다니시며 보호하시고, 격려해 주시는 것을 잊지말아야 한다.

서울에서 포교당을 어렵게 정성껏 개원해서 종단에 등록을 하려고 하였다. 그러나 종단 포교소 담당자가 하는 말이 3급고시를 봐야 한다는 것이었다. 그전에는 이런 법이 없었고, 나는 출가한 지는 꽤 되었어도 수행 정진하느라 비구계를 늦게 받아서 아직 3급을 보지 않았었다. 지금은 다시 사찰법이 바뀌어서 종단에 등록을 하였지만 말이다.

그 말을 듣고는 한동안 긴장했던 몸과 마음에 힘이 빠져 밖으로 나와 하염없이 걸었다. 한참을 여기저기 걸어 다니다

문득 내가 서있는 곳은 안국역 앞인 것을 알 수 있었다.

그 찰나. 승복바지를 입은 보살님 두 분이 나를 보더니 환하게 웃으면서 "안녕하세요! 스님"을 말하며, 법답게 합장 인사를 하는 것이었다.

난 그 환한 미소와 법다운 인사를 받으니 아까 낙담했던 마음은 사라져 버렸고, 닫혔던 마음이 열려 하늘이 나를 응시하고 있다는 것을 보았다.

지성이면 감천이라, 정성이 지극하면 하늘도 감동하고 부처님도 감동한다. 우리들이 무슨 일이든 정성을 다할 수 있다면 아주 어려운 일도 순조롭게 풀릴 수 있는 것이다.

하늘은 스스로 돕는 자를 돕는다. 하늘과 부처님은 쉬지 않고 꾸준히 노력하는 사람을 성공하게 만든다. 그러나 노력은 안 하고 하늘에서 감 떨어지기만을 바란다면 그것은 도둑놈의 심보일 것이다.

불교의 매력이 여기에 있는 것이다.

물 밖의 세상

 여름이 채 끝나기도 전 오후, 나이 지긋하신 거사님 한 분이 개 한 마리와 함께 관음선원으로 올라오셨다.
 "들어오셔서 차 한 잔하고 가십시오." 하는 나의 말에
 "나는 목사요. 그냥 시원한 물이나 한 잔 주십시오." 하신다.
 냉장고 안에 있던 물을 따라서 한 잔 드리니, 마당에 앉아 시원하게 마시고는, 아랫마을에 사는데 당신은 참회의 인생을 살려고 이곳으로 이사를 오셨다는 것이었다. 그러면서 스님들은 참 터를 잘 잡는다고, 명당이란 말을 아끼지 않으

셨다.

 같이 마당에 앉아 얘기를 나누어 보니, 불교에 대해서도 해박한 지식을 가지고 있었고, 스님들도 많이 알고 있었다. 그러면서 참선을 배우고 싶다는 것이었다. 나이도 많으시고, 목사님이시지만 말이 통했고, 기독교가 아닌 다른 분야의 공부도 많이 하신 분 같았다.

 은해사에 살 적에는 주지스님과 친한 목사님이 가끔씩 찾아오는 것을 볼 수 있었다. 어느 날 새벽 예불을 드리려고 법당에 들어가니, 어제 본 목사님이 한복을 말끔히 차려입고 단정히 무릎을 꿇고 앉아 있다가 스님들과 같이 예불을 보는 것이었다. 뭐라 표현할 수 없는 감정이 나를 멍하게 만들었다. 기독교 목사가 아닌 다른 세계를 갈구하는 한 명의 올곧은 수행자처럼 거룩하게 보였다.
 주지스님은 우스갯소리로 저 목사는 교단에서 쫓겨날 사람이라고 농담도 하셨지만. 또 어떤 스님은 교회에서 예배를 같이 보는가 하면, 스님과 목사의 자리가 종종 바뀌는 모습을 볼 수 있다. 이런 것들이 종교평화의 시발점이 아니겠는가.

절에 찾아오신 목사님은 자신의 집에 개가 새끼를 낳았는데 가져다 키우라는 자상함까지 보이셨다. 한참을 이야기하고는 이제 내려가시겠다기에 같이 산길을 내려가면서 배웅을 하였다.

인도의 유명한 요가수행자에게 도에 대해서, 진리에 대해서, 궁금한 것을 물었다고 하였다. 그 요가수행자가 하는 말씀이 대뜸 "밥을 끓여 먹으라"는 것이었다. 자신은 뭔가 거창하고, 뛰어난 법문을 기대했는데, 밥을 끓여 먹으라니 하면서 실망을 했다는 것이다.

마조도일 스님이 말씀하시지 않았던가. "평상심(平常心)이 도(道)라"고.

평소의 마음이란 무엇인가? 그것은 일부러 꾸며 만들지 않고, 옳고 그름이 없고, 마음에 좋아하는 것을 가지고 버리는 것이 없으며, 세상이 항상 있다고 하지 않고, 항상 하다는 생각을 놓으며, 평범하고 성스러운 생각마저 떨어져 나간 마음을 말한다.

'쌀을 씻었으면 밥을 짓고, 밥이 되었으면 밥을 먹고, 밥을 먹었으면 설거지를 하는 것이다.'

빨래

　　오후 좌선시간은 어느 때보다 더욱 몸은 가벼웠고, 염불은 순조롭게 이어져 갔다. 눈은 바닥에 놓인 염불을 들여다보고, 돌이켜 자신을 보니 제법 그럴싸한 스님이 참선을 하고 앉아있었다. 문제는 미세한 번뇌가 올라오는 것이었다.

　미세한 번뇌란 무엇인가.

　내가 알지 못하는 내면 깊숙이 자리잡은 번뇌, 거칠지 않으면서 샘물처럼 조금씩 솟아오르는 망상. 미세한 번뇌가 나라는 것에 박혀 나를 이끌고 가려는 또 하나의 나이다.

조급증을 내서는 안된다. 급하게 서둘러서는 일을 망친다.

생활에 순응하며, 자연과 벗을 삼아 우주가 내가 될 때까지 계속 나아가야 한다. 공부는 전진만 할 수 없다. 전진만 하는 공부는 넘쳐나는 공부다. 넘치는 것은 정지하고 싶을 때 브레이크가 말을 안 듣는다. 멈출 수 없는 것은 자신이 주인공이 될 수 없다. 그렇다고 한 걸음 걷고, 뒤로 두 걸음 물러날 수는 없는 일이다.

한 걸음 걷고 자신을 성찰하고 다시 걷는 것이다. 그래야 공부가 나의 것이 되고, 남의 말을 하지 않으며, 부처님과 조사의 말에 속지 않는 것이다.

철저하게 마음에 배어 있고, 우러나온 진국이 참된 공부이며, 인류를 어두운 곳에서 밝은 곳으로 이끌어 낼 수 있는 것이다.

좌선을 마치고 계곡으로 빨래를 하러갔다. 동네 아낙들이 하는 것처럼 빨래를 머리에 이고 가지는 않았지만, 협곡 사이의 그림자가 뜨거운 햇볕을 막아주었다.

계곡에는 여름장마의 처참한 흔적이 뚜렷하였고, 장마 속 힘차게 흘러내렸던 계곡물에 견딘 바위는 아들 딸과 같은 몽

돌·숫돌을 낳았다. 같이 수다를 떨 사람은 없었지만 흐르는 계곡 물소리에 장단을 마쳐, 주먹만 한 굴뚝새의 지저귐을 시작으로 빨래를 시작하였다.

 굴뚝새의 우렁찬 음성은 점점 격조 높은 노래가 되어 잠들고 있는 계곡 속의 바윗돌을 하나 둘 깨우기 시작했다. 자동차 바위·곰 바위·토끼바위·촛대바위들은 기지개를 펴며 일어났고, 그들 주위에 서있던 갈참나무는 멋스런 지휘봉으로 변하여 굴뚝새의 살아있는 노래에 맞춰 지휘자가 되어가고 있었다.

 흐르는 계곡물은 뭉클한 경음악이 되고, 도마뱀의 혓바닥은 악기가 되어 계곡 안의 모든 생명들과 구슬지게 합창을 하였다. 합창소리에 비눗방울은 날개를 장식한 하얀 마술양탄자가 되어 램프요정과 우리들을 태우고 극락세계로 날아갔다.

보살들의 반란

여름 장마에도, 태풍의 강한 바람에도 찢어지지 않고 버티었던 3년 결사의 플래카드만이 빈약한 수행자와 절의 위상을 굳건하게 지켜주고 있는 것 같다.

행사 때마다 서울포교당 건물에 플래카드를 세우면 바람에 쉽게 찢겨져나가더니 많은 날들이 지나갔건만은 찢어지지 않고 있어준 것이 고맙기만 하다.

아침기도 시간에 맞춰 서울에서 신도들이 올라왔다. 그동안 연락이 없던 사람들이 하나 둘 이곳으로 모여들고 있다. 오랜만에 일가친척을 만난 것 마냥 반갑기만 하다.

서울에서 포교당을 운영하던 시절. 많지 않은 신도님들이지만 짜임새 있게 돌아갔다. 스님의 공양 걱정에 너도 나도 반찬 만들어 냉장고에 차곡차곡 쌓아두고, 자발적인 보시와 적극적인 사찰운영에 헌신해 왔기에 비싼 집세를 내고도 3년간이나 큰 어려움 없이 버텨냈었다.

그러나 작은 빌딩 안의 옹기종기 모여 있는 인법당이 경쟁력과 사람의 관심을 떨어뜨리고 더 이상의 발전이 없다고 느꼈을 때 산사로 눈을 돌리게 된다. 그럴 쯤 신도들의 조직력도 약화되었고, 보살들의 반란이 시작되었다. 자신의 위치, 우리들의 세력, 이런 행태를 바라보면서 보살들을, 아니 여성들을 어우르지 못하고 바른길로 이끌지 못하는 내 자신의 무능력에 치를 떨었다.

그러던 어느 날, 우연히 연결된 지금 살고 있는 목넘어 계곡에 나의 마음과 육체를 묻고 싶은 강한 자석의 힘을 느끼게 된다. 생각한대로 이곳은 수행하기 좋고, 생태계가 살아숨쉬는 햇빛이 저절로 춤을 추는 아늑한 곳이었다.

법당 안의 목탁소리와 염불소리는 더욱 힘찼고, 간절한 기도소리는 목각 불상의 눈을 띄우게 했다. 짧은 법문에 그동안의 불신을 씻어버리고 천년의 불사가 눈앞에 드리웠다.

공양을 하고 발걸음 가볍게 오솔길을 사뿐사뿐 올라오다 보니 그동안 보이지 못했던 들꽃들이 나타나기 시작했다. 가을 산천에 피어난 하얀색, 노란색, 보라색, 주황색, 여러 색이 뭉쳐있는 이름 모를 들꽃이 이렇게 예쁜 줄은 미처 몰랐다. 안개꽃처럼 깜찍한 꽃이 피어있을 때 난 자지러지게 웃으며 그 매력에 흠뻑 빠져들기도 하였다.

계곡 옆에 피어 가을바람에 살랑대는 들국화가 그렇게 고고하게 피어날 줄은 몰랐다. 들국화 한 송이를 꺾어 관세음보살님께 바치고는 꾸벅꾸벅 절하는 스님은 파르르 한 마리 종달새가 되어 자유로이 하늘과 세상을 향해 날아오르는 것만 같았다.

애욕과 괴로움 그리고 해탈

어느 날 아나율존자가 사위국에서 코살라국으로 여행하는 도중, 날이 저물어 어느 마을에 들어가 하룻밤을 묵어갈 형편이 되었다. 그런데 어느 집엘 가나 거절을 당하는 것이었다. 아나율존자는 궁금해서 그 마을 사람에게 물어보았다.

"왜 잠자리를 주지 않을까요?"

마을 사람은 아나율존자의 형색을 아래위로 훑어보더니 말했다.

"이 마을에는 한 음녀가 있소. 그 집에 가면 아무나 재워주니까 거기 가서 부탁해 보시오."

아나율존자는 음녀의 집을 찾아가서 하룻밤 머물기를 청했다.
"집이 매우 넓으니 여기서라도 하룻밤 쉬어 가도록 해주십시오."
그녀는 기꺼이 승낙했다. 존자는 비바람을 피할 수 있음을 고마워하고 풀을 깔아 자리를 만들고 가부좌를 틀고 앉아 적정에 들어가 하룻밤 새울 준비를 했다.
마침 그때 코살라국 나그네 일행이 이 마을을 지나가다가 잠자리를 구하던 중 음녀의 집을 찾아들게 되었다.
"이곳에서 하룻밤 쉬게 해 주십시오."
그러자 음녀가 말했다.
"실은 벌써 사문 한 사람을 쉬게 했소. 그 사문과 의논해서 함께 쉬어도 좋다 하거든 쉬어가세요."
나그네들이 아나율존자에게 동숙해도 좋은가 하고 묻자 그는 기꺼이 허락했다.
"이렇게 넓으니까 아무 거리낌 없이 쉬어 가도록 하십시오."

나그네들은 방안으로 들어갔다. 그들은 수가 많아 발하나 옮겨놓을 수 없을 만큼 붐볐다. 이런 상황을 본 음녀는 귀족 출신의 존자가 거지떼들과 함께 머물게 해서는 안 되겠다고 생각하고 존자의 옆으로 다가가서 말했다.

"이렇게 좁은 곳에서 쉬시게 해서 미안하오니 저의 방에 와서 주무십시오."

존자는 그녀가 시키는대로 그녀의 방에 들어갔다. 존자는 좌구를 편 뒤 가부좌를 틀고 앉아서 일심으로 불법을 외우고 있었다.

원래 존자는 몸이 단정하고 남자로서도 뛰어난 용모를 갖추고 있었다. 밤이 깊어지자 음녀는 존자에게 마음이 동해 옆으로 다가앉으면서 눈웃음을 치며 애교를 떨었다.

"요새 저에게 여러 사람의 장자와 바라문들이 찾아와 자기 사람이 되어 주기만 하면 많은 금은보화와 재산을 주겠다고 하는데, 그런 못난 사람들에게는 마음과 몸을 줄 수가 없어요. 그러나 당신은 참으로 훌륭하고 멋진 분이예요. 어떻게 저의 남편이 되어 줄 수 없을까요?"

그녀는 온갖 달콤한 말로 존자를 유혹하려 했으나 존자는 이미 해탈을 얻고 생사를 초월한 분인지라 그녀의 유혹에 눈

썹하나 까딱 않고 바위처럼 묵묵부답 앉아만 있었다.

밤중이 지나자 잠을 이루지 못한 음녀는 또다시 다가와서 불타는 정욕을 억제하지 못하고 숨넘어가듯 졸라댔다. 참다 못한 음녀가 옷을 벗고 풍만한 육체를 드러내어 존자의 목을 안고 늘어져 몸부림을 친다.

존자는 도가 높을 뿐 아니라 신통력을 얻은 분이므로 곧 신통력을 부려서 몸을 높이 허공으로 솟구쳐 올랐다. 정욕의 도가니 속에 휩쓸려 물불을 헤아리지 못하는 음녀는 깜짝 놀라 제정신이 돌아오자 알몸뚱이 그대로인 자신을 깨닫고 부끄러워 견딜 수가 없었다.

"제가 요망하게 존자를 괴롭혀드렸습니다. 다시는 그런 생각을 않겠사오니 다시 제자리에 내려와 주십시오."

존자는 음녀가 참회하는 것을 보고서야 다시 제자리로 돌아와 신통력을 거두었다. 그녀는 존자의 신통력에 감동되어 전과 같이 옷을 입고 공손히 합장하고 존자의 발에 절을 하였다. 존자는 그녀를 위해 법문을 했다.

"애욕은 모든 괴로움의 근본이며, 이것을 끊어야 마음의 해탈을 얻어 다시는 여자의 몸으로 태어나지 않습니다."

그녀는 존자의 가르침을 받고 깨닫는 바가 있어 일생동안 삼보에 귀의하는 우바이가 되어 오계를 굳게 지킬 것을 맹세하였다. 그리고 그녀는 존자를 위해 여러 가지 음식을 만들어 후하게 대접했다. 이런 일이 있은 후 승단에서는 아나율 존자가 음녀와 하룻밤을 세웠다고 비난하는 소리가 들리기 시작했다. 이로부터 석가모니부처님은 제자들에게 어떤 경우일지라도 음녀와 동숙하는 것을 금한다고 간곡히 말씀하셨다.

출가 수행자에게 음욕은 멀리 해야 할 대상이다. 음욕은 펄펄 끓는 물에 푸성귀를 데치는 거와 같이 음욕에 빠져서 헤어 나오지 못하면 몸은 병들어가고, 영혼은 생명력을 잃는 것이다.

불법을 공부하다 보면 어느 경지에 들어가서는 몸과 마음이 일반 세속사람들과는 사뭇 다르다. 몸은 깨끗하여 빛이 흘러나오고 부드러우며, 마음은 따뜻하고 빼어남이 드러난다. 이런 한때에는 여자를 특히 조심해야 한다.

불법에 관심이 없는 여자나 인격이 제대로 갖추어지지 않는 여자의 욕망은 강하여 물불을 안 가린다. 여색을 이겨낼

내면의 법이 없으면 강한 의지로써 싸워 이겨내야 한다. 불보살님께 의지하는 기도도 좋은 방법이다. 음욕에 빠지면 성불과는 거리가 먼 괴로움이요, 음욕에서 벗어나면 해탈을 얻을 수 있다. 그 만큼 음욕은 수행자를 망치게 하는 것이기에 항상 경계를 해야 한다.

여색에 대한 욕망을 이겨내는 방편으로는 도선(道宣)율사가 지은 「정심계관법(淨心誡觀法)」에 잘 나와 있다.

김을 매자

      벼가 누렇게 익어가고 있다. 사람들은 벼가 익은 것을 하심(下心)에 비유하기도 한다. 벼는 익을수록 고개를 숙인다. 익은 벼는 항상 몸과 머리를 숙여 인사를 한다. 반면 속이 빈 쭉정이는 고개를 빳빳하게 쳐들고 있다.

  배우면 배울수록 고개를 숙이고, 도가 익을수록 몸을 낮춰야 하는 것이다. 그러나 인간세상은 그렇지만 않은 것 같다. 물론 권력이나 재물을 손에 거머쥔 정상의 부류 중에서는 보이지 않는 선행을 하는 이나, 없이 살고 있는 사람들을 따뜻하게 보살펴주는 훌륭한 인물도 많다.

세상이 각박해지면서 가을 들판의 풍성한 열매의 부와 권력을 가진 사람들이 없는 사람들을 우습게 여기고 하찮게 보며, 자기가 가지고 있는 것이 세상의 전부인양 거들먹거리며 아만이 가득 찬 인간들도 많다.

시간이 흐를수록 부익부(富益富)·빈익빈(貧益貧)의 인간 세상 형태가 더욱 심해져가고 있으며 승가에도 이런 일들이 오래전부터 보였던 단상이었다.

화무십일홍(花無十日紅)·권불십년(權不十年)이란 말이 있듯이 지금 활짝 꽃핀 인생과 좋은 행운은 평생을 뒤따라 다니지 않는다. 심한 악운도 10년 이상 지속되지 않고, 선한 대복도 10년을 버티지 않는다.

인생무상이라 하지만 사회적으로 성공한 분들은 그만큼 선의의 경쟁에서 얻어낸 노력의 결과물이라 믿는다. 바라는 것은 따뜻한 마음으로 사람들을 대하여 주고, 내가 가지고 있는 것을 조금 더 없는 사람들에게 보시할 수 있다면 자리이타(自利利他)의 보살사상이 더욱 빛나지 않을까.

벼가 익어가는 논을 바라보고 있노라면 노력의 대가가 무엇인지 뚜렷하게 보이는 것 같다. 병충해 약을 치고, 잡초를 뽑으며 자식처럼 논을 잘 보살핀 곳은 벼 이삭도 튼실하고 건강하며 벼 잎도 같은 색을 띠지만, 게을러서 잡초가 무성하고 관리에 소홀한 논은 띄엄띄엄 벼들이 죽어가고, 이삭도 부실하여 푸릇 노릇한 다른 색을 띤다.

우리들의 인생도 마음에 좋은 씨앗을 심고 싹이 났으면 약 치고 김을 매줘야 원하는 결과물을 바랄 수 있고 훌륭한 인격을 만들어내지만, 가꾸지 않는 인생과 마음은 관리 소홀한 논처럼, 가시덤불에서 보석을 바라는 일처럼 따라지 인생을 살 것이 자명한 사실이 아니겠는가.

나의 씨앗인 자식을 낳아만 놓고, 영혼의 수족인 상좌를 만들어만 놓고 된 사람으로 가꾸고 교육시키지 않는다면 비극적 연극이 만들어지지 않겠는가.

이제는 좋은 씨앗을 심는 단계를 넘어서, 자라난 어린 새싹을 잘 보살피고 가꾸는 지혜가 필요하지 않을까 한다.

마음의 고향

 바랑을 짊어지고 공부를 하러다닐 때, 선원 대중들은 참선을 해서 도를 깨치는 것이 제일이고, 앉아있는 것 자체가 포교라고 자신 있게 말을 한다. 강원에서는 부처님의 일대시교를 보는 것이 무엇보다 좋은 일이고 참선만 하신 분들은 학식이 없다는 이야기를 한다. 또 기도도량에 가면 말세의 수행은 기도가 제일이라며 기도수행을 권한다. 율원은 율원 나름대로 자신들의 공부가 옳다고 주장한다.

 불교는 크게 선(禪), 경(經), 율(律)의 세 가지로 나눈다.

선은 다르게 말하면 불보살의 마음이라 할 수 있다. 불보살의 마음은 흐트러지지 않는 바른 정신집중과 비추어 바라보는 것을 바탕으로 대지혜를 일으키어 미혹을 끊으며, 대자비를 바로 써서 중생들의 삶에 환희심과 의지처를 마련해 주는 것이다. 그래서 불보살의 마음인 지혜와 자비를 얻는다면 모두가 선이라고 할 수 있다. 간화선 · 묵조선 · 염불선 · 간경선 · 기도선 · 주력선 등 부처님의 마음 범주에 들어가 있으면 통합하여 선이라고 할 수 있다.

경은 석가모니 부처님의 한 생에 걸쳐서 설한 모든 가르침을 말한다. 후대의 제자들이 부처님의 근본교리인 삼법인 · 사성제 · 팔정도 · 십이인연과 대승 교리를 벗어나지 않는 뛰어난 학술저서를 논(論)이라 하여 경전 안에 두기도 한다.

소승과 대승으로 나누고, 돈교와 점교, 유식 등으로 나누며, 불교학자들에 의해 설법하신 형식, 방법, 순서, 의미에 따라 많은 경전을 분류하여 자기 교학의 의지처가 된 경전이 뛰어나다는 경향이 강해 종파성립의 요건이 되기도 하였다. 삼론종 · 법상종 · 화엄종 · 열반종 · 법성종은 대표적인 교종들이다.

경은 부처님의 깨달은 마음상태에서 나온 천연 무공해의 감미로운 식감이다. 영혼이 배고픈 이에게는 양식이 되며, 길을 찾는 이에게는 좋은 길잡이가 되며, 마음이 아픈 사람에게는 마음병을 잘 고쳐주는 의사인 셈이다.

율은 부처님의 행동을 말한다. 대중생활에서 지켜야할 계와 율, 불교교단의 생활규칙 등을 석존이 살아계실 당시 일어난 사건들을 알맞고 바르게 대처한 행동규범이다. 율도 상당히 광범위하다. 놀랄 일은 세세한 작은 일부터 큰일까지 자세히 설명해 놓은 것이다.

제자들이 악행을 저지를 때 악행을 금지하거나 벌칙을 규정한 조항들이 율이다. 악행에 대한 벌의 종류는 많다. 그런데 선행에 대하여 상을 주었다는 내용은 잘 보이지 않아 부처님께서는 상에 대하여 인색하지 않나 하는 생각이 들기도 한다. 그러나 부처님은 경전에서 제자들에게 칭찬으로 정진의 힘을 불어넣어 주기도 하고, 수기를 주어 수행자에게 최고의 상을 안겨주기도 하였다.

이렇게 간략히 살펴본 것과 같이 선과 경과 율은 서로 다른 것이 아니라 부처님의 근본 몸에서 나온 것이기에 모습과 쓰임이 다를 뿐 모두 같은 마음의 고향에서 나온 것이라 할 수 있다.

계·정·혜 삼학을 개별로 보지 않듯이 선·경·율을 따로 생각하지 않고 그들의 정통성을 인정한다면 거룩한 한 부처님의 몸에서 여러 개의 연꽃이 활짝 피어날 것이다.

글쓰기

시(詩)가 언제부터, 어떻게 해서 생겨났는지에 대한 정확한 근거는 없다. 시라는 말은 '말씀 언(言)'자에 '절 사(寺)'가 합쳐서 된 글자이다. 절에서 나온 말이 시가 됐다는 것은 어느 정도 설득력을 가지고 있다.

스님들의 애환과 외로움, 옛날 절에서만 지내야 했던 산사의 스님들이 무료함을 달래고, 깨달은 마음을 밝은 달빛에 앉아 읊조리니 그것이 시가 된 것이 아닌가 생각된다.

고요하고 적막한 절 생활은 자신을 바라보며 시가 저절로 터져 나오는 시의 나라, 시의 천국이 아닌가.

오래전 그동안 써왔던 시를 모아 작은 한 권의 시집을 내려고 하였으나, 아직 시집을 발간할 때가 되지 않아서 그랬는지 안 좋은 일들이 자꾸 생겨 써놓은 시들을 버린 적이 있다.

지금 생각하면 참 잘했다는 생각이 든다. 실력도 되지 않는 애송이 중이 냄새나는 글을 가지고 세상에 나온다면 얼마나 창피하겠는가.

나는 시와 글쓰기에 전혀 인연이 없었다. 특히 나에 대한, 내 마음의 표현을 하지 못하는 입 있는 벙어리, 침묵 그 자체가 나였기 때문이다.

그런 것이 선배의 강요에 못 이겨 문학부에 발을 들여놓은 것이 시와의 첫 만남이었다. 시를 쓰고, 축제 때 문학부의 시집을 만들어내면서 어렴풋이 시에 대한 동경이랄까. 그런 것이 생겨난 것 같다.

학교 교지를 만들고 원고를 받으러 다니면서 글과 책을 쓰는 것에 대한 지식을 조금씩 갖추어가지는 않았나. 그리하여 『꽃피니 열매 맺네』의 졸작을 만들어 냈고, 독송용 『관음경』을 편주해 보았고, 그대가 보살입니다 『관음경』에 대한 해설서를 써보기도 하였다.

책을 쓰는 나이와 조건이 허물어진 지금 내세울 일은 아니지만 나 개인적으로 본다면 장대한 발전을 해온 셈이다. 그것은 오로지 불교와 관세음보살에 대한 사랑의 마음이 싹터서 가능한 일이었다. 일 억년이 된 감로수를 뒤집어 쓰니, 한문이 이해가 되었고, 글이 보였으며, 어설프게나마 표현을 시작한 것이다.

뚱딴지같은 마음을 열어 보이면서 자신에 대한 글을 쓰는 자체가 망설여지는 일이고, 혹여나 자랑거리로 비추어 책을 읽는 독자들의 이맛살을 찌푸리지 않을까 하는 걱정을 가지는 것도 사실이다.

글을 써내려 가는 것은 지난날의 자신을 바라보며 미래의 내가 설 자리를 확인하는 회광반조의 나를 성찰하는 좋은 길이며, 사유하고 생각을 한곳으로 모으는 비파사나와 사마타를 동시에 수행할 수 있는 선수행의 관문이 아닌가 한다. 글을 쓰면 그야말로 시간이 번갯불에 콩 구워먹듯 잘 지나간다. 거기에 빠져들어 가면 내가 사라져 버리고 정성을 기울이는 자신을 바라볼 수 있다.

그러나 완성되지 않은 염불수행에 방해가 되지 않나 하는 염려가 엄습해온다. 나의 본업은 스님이고 수행자이다. 열심히 정진하여 큰 깨달음을 얻어 모든 중생과 함께 부처님 말씀을 공부하고 수행하며, 공동체의 삶을 살아가는 것이 나의 꿈이다.

이런 것들이 쉽게 이루어지는 것은 아니다. 대기만성(大器晚成)이란 말이 있듯이 큰일을 이루는 데는 시간이 오래 걸린다. 빨리 라는 말이 익숙한 현시대의 실정에는 비효율적인지 모르겠지만 묵묵히 나의 길을 가려고 한다. 세상의 유혹과 마음 안의 악마를 물리치면서 영원한 정진의 길을 떠날 것이다.

오래전에 마음속에 간직해 두었던 일이 있다.

절집의 현실을 모르고 이절 저절 무모하게 뛰어들었던 젊은 수행자는 시기와 질투로 인하여 마음고생을 했었고, 텃새의 강한 힘에 튕겨져 나갔다. 그런 만신창이가 된 몸으로 제방을 돌아다니며 가난하고 약한 자, 정말 수행하고 싶은 사람들이 마음 편히 공부할 곳은 없는가! 그런 곳이 있으면 얼마나 좋겠는가 하는 바램을 가져보았다.

이제는 나의 생각을 현실로 만들어가 수행공동체를 세워서 따뜻한 부처님 품안에서 저마다 마음 꽃을 피워내어 이 세상이 진실로 아름다운 빛과 보석들이 가득한 극락세계임을 말해주고 싶다.

빛과 소리 수행

빛과 소리 수행은 관세음보살 염불수행이며 '관음염불선'이라 할 수 있다.

빛으로 마음의 행복과 열반을 느끼고 소리로서 평화를 이끌어낸다. 빛과 소리는 마음 밖의 외도라고 생각하기 쉽다. 그러나 실은 마음 안의 내면과 마음 밖의 우주를 하나로 묶는 통합적인 융합의 수행이고, 이근원통(耳根圓通)을 바탕으로 하는 하기 편하고 공부성취가 빠른 수행법이다. 맑은 눈으로 세상을 바라보고, 밝게 깨어있는 마음으로 세상을 구원하는 것이 빛과 소리 수행의 요체이다.

우주의 탄생은 거대한 바다 속에서 자그마한 한 빛의 불꽃이 일어나 이것을 모태로 하여 광활한 대우주를 탄생시켰다. 아름다운 불꽃들이 사방으로 퍼지면서 그 불꽃과 여파의 빛들이 온 우주를 가득 메웠고 미묘한 천연색색의 광음(光音)들이 서로서로를 감싸고 비추면서 뜨거워졌다가 식기를 무한히 반복하여 우리들이 알지 못하는 암흑물질들이 별을 이루는 원소들을 만들기 시작하여 끊임없이 변화 발전, 우리들이 살고 있는 지구와 생물들을 탄생시켰다.

우리들은 지구라는 행성에서 살고 있는 자체가 행운이며, 선택받은 삶이라는 것을 알 필요가 있다. 그러나 우리에게는 풀어야할 숙제가 있다. 그것은 우리의 본 모습을 알고 보아 영원한 해탈의 광해(光海) 속으로 녹아 스며들어야 하는 것이다.

빛과 소리는 진공묘유(眞空妙有)이며, 반야바라밀(般若波羅蜜)이다. 광대하고 미묘한 부처님 법을 알고, 쉽게 이해하려고 하려면 우선 공과 반야바라밀을 이해하고 체득해야만 한다. 가장 기본적이면서도 모든 불법을 꿰뚫고 있는 것이 반야바라밀이고 공이다.

넓고 깊은 바다에는 무수한 생명들이 저마다의 존재감을 표현하며 살아가고, 또 살아 숨쉬는 것들의 총체적인 이름을 망망대해라 하지만 일체만물과 불법, 마음을 표현할 수 있는 것이 공이며 반야바라밀 그리고 빛과 소리이다.

빛과 소리는 불조(佛祖)가 깨달은 것의 기연이다. 석가모니 부처님은 장애물과 때가 없는 한없이 빛나는 새벽별을 보고 깨달음을 얻었고, 서산대사는 시장의 닭울음소리에 깨달았다. 이것은 모든 만물의 근원이 마음이고, 빛과 소리이기 때문이다.

공과 반야바라밀은 같은 내용이며, 반야바라밀과 빛·소리는 서로 불가분의 관계에 있다. 공은 등잔에 비유하고 반야는 등불을 나타내서 보이기도 한다. 바라밀은 등불의 밝기를 말하는 것이다. 빛은 등불에 해당되고 소리는 빛의 전달매체인 바라밀에 해당된다.

공은 반야의 바탕이고, 반야는 공의 작용이다. 그리고 바라밀은 반야의 결과이다. 그렇기에 반야는 염(念)이고, 바라밀은 불(佛)이다. 그러므로 염불은 참된 공의 법문이다. 참된 공은 진공묘유라 하듯이 진실된 수행은 마음 안에 살아 숨쉬는 생명을 생각하고, 닦고, 바라보는 관음염불선이 참된 수행이다.

공은 자신의 모습을 웬만해서는 드러내 보이려고 하지 않는다. 쉽게 모습을 나타내려 하지 않는다. 인연이 성숙한 자에게 보이고, 열심히 정진하는 자에게 자신의 멋진 모습을 보이려고 한다.

반야는 물질을 허공에 두는 거와 같다. 허공에서 물질을 바라보면 사방팔방에서 바라볼 수 있고, 물질의 속 모양과 특징을 알 수 있다. 그리고 바깥의 공과 물질 안의 원자와 원자 사이, 전자와 전자 사이의 빛과 소리가 진공묘유의 묘한 작용에 의해 서로 왕래하여 물질과 공, 본성과 공이 다르지 않다는 것을 알 수 있다. 반야는 앞을 보는 것이다. 뒤를 보고, 옆을 보고, 속을 보며, 꿰뚫어 보는 것이다. 또한 모든 것을 하나로 아울러 보게 된다.

바라밀은 가는 것이다. 기어가든지, 걸어가든지, 뛰어가든지, 날아가든지, 한순간에 가든지, 징검다리를 건너든지, 얼음 배를 타든지, 우주선을 타고 외계로 날아가던지, 부처님의 나라로 안착하든지, 그래서 정확히 바라보며 올바른 판단으로 가는 것이 반야바라밀이다.

반야만 있으면 완성된 공부가 아니다. 깨달음만 있으면 반쪽짜리 공부이다. 깨달음과 실천(바라밀)이 함께 있어야 한다. 깨달음과 전법교화가 그것이다. 그래서 반야바라밀은 항상 같이 다니는 것이다.

일반적이고 일상적인 자연의 빛과 소리에서부터 내면의 아름다운 빛과 소리, 우주에 거침없이 뿜어대는 빛과 소리들. 빛은 바로 보는 것이고 소리는 바로 듣는 것이다. 빛을 바라보고 소리를 관찰하는 곳에 참된 가르침과 진리가 있는 것이다.

마음으로 관세음보살의 빛을 바라보고 입으로 부르는 관세음보살 염불소리를 귀로 들으며 마음이 귀로 모이는 것을 이근원통(耳根圓通)이라 한다. 그리하여 마음이 공과 함께 뒤섞여 빛을 뿜어내며, 빛과 함께 내장되어 있는 마음 깊숙한 곳에서 나오는 태초의 천둥 같은 우주의 소리를 내뱉는 것이 참된 칭명염불이다.

눈에서는 밝은 빛이 발산되고, 귀에서는 항상 부처님의 법문소리가 들리며, 코에서는 은은한 사향이 울려 퍼지고, 입에서는 형용할 수 없는 미묘한 부처님의 목소리가 사람들의 마음을 움직여 교화시키고 세상을 변화 발전시켜 나아가는 것이다.

관음염불은 필자의 저서 『그대가 보살입니다』에 나와 있듯이 무념(無念), 무주(無住), 무상(無相)이란 불조의 종지를 잇는 조사의 수행법이다. 관음염불은 지혜와 자비를 완성시키는 고차원의 정통수행방법이다.

대부분의 불자들은 염불을 하면 복을 빌고 정토에 왕생한다고 생각하나, 관세음보살칭명염불은 고난과 고통을 벗어버리고 즉시에 깨달음을 얻는 가장 안전하고 빠른 수행법이다. '관세음보살'을 화두로 만들어 간절하게 명호를 부르기만 하면 일상생활과 내가 한 덩어리가 되어 굴러다니고, 수승한 경계를 보거나 좋은 일과 악한 일에도 마음에 동요가 없이 그저 텅 빈 마음에 관세음보살 명호 하나만 올려놓으면 법열에 빠진 나를 보게 될 것이다. 그렇게 되면 온 세상이 관세음보살의 세상이며, 삼라만상의 무정설법들이 불보살의 오묘한 설법임을 알게 될 것이다.

여기서 한걸음 더 나아가 오매불망 관세음보살을 생각하

거나 그리워하면 불보살의 인도를 받거나, 뚝 끊어지고 딱 떨어지는 소식을 알게 되니 우주 전체가 갖가지 오묘한 빛으로 장엄되고 그 빛에서 울려 퍼지는 불보살 마음의 소리인 '옴'이 천지에 꽉 참을 알게 될 것이다. 왜냐하면 빛과 소리는 한 몸이고, 빛의 작용이 소리이며, 만물을 탄생시키고, 성취하는 소리가 옴이며, 자비의 소리이며, 지혜의 소리이다.

관음선(觀音禪) 공부성취 방법은 간절한 마음과 꾸준한 수행정진이 우선이나 먼저 염불 공부하는 습관을 들이는 것이 중요하다. 우리들의 몸과 마음은 아무리 어려운 것도 삼일 이상이 지나면 받아들인다고 하니 무상의 지혜, 마음의 행복과 평화를 위해 정진이 몸에 밴 수행자의 모습이 나타나야 한다.

첫째, 관세음보살의 명호를 또렷하게 발음하여야 한다. 처음에는 정신과 몸이 풀리지 않는 상태에서 염불을 하면 과세으보사, 관세으보사, 관세으보살이란 발음이 나오기 쉽다. 옛 어른스님들은 화두나 염불을 들고 또렷이 관하고 생각하라고 가르친다. 또렷하지 않으면 공부의 성취가 더딜뿐더러 공부의 주제가 확실하지 않기에 장애가 따라온다고 한다.

둘째, 염불선 수행을 시작해서 힘을 얻지 못하는 것은 여러 가지 상황이 있을 수 있으나 필자가 알고 있는 방법을 말하려고 한다.

청정한 부처님의 마음을 얻는 방법 중 첫째가 계율을 지키는 행동과 자비의 마음이 깃들어야 하는 것이다. 계율은 선정과 지혜를 얻는 선봉장이며, 만인을 이끌어 들이는 묘책이다. 계율이 허물어진 정진은 공부의 진취가 없는 것이다. 그래서 관음행자는 계율을 기초로 하여 공부의 집을 지어나가야 한다. 그리고 자비심은 공부 성취의 첩경이요, 불보살의 자식임을 증명하는 증표이다. 인도의 무착보살은 12년을 기도해서 미륵보살의 가르침을 얻으려 하였으나 모두 실패하고 다만 상처투성이의 개를 자비심으로 대하여 미륵보살의 아들임을 증명하였다.

셋째, 처음 관음선(觀音禪)에 입문한 관음행자는 고성으로 간절하게 칭명해야 한다. 입으로 염불할 때는 간절한 마음을 실어 고성으로 염불해가면 고성염불의 10종 공덕도 있지만 번뇌가 줄어들고 마음에 환희심이 자리잡는 것을 알게 될 것이다.

좌선 시에도 마음속으로 간절하게, 처절하게 칭명하다 보면 몸과 마음이 사라져 공을 체험할 수 있고, 무시이래로 이어온 나의 업장이 이때부터 녹기 시작한다. 좌선과 입으로 칭명을 병행하는 것은 좋은 효과가 있을 수 있다.

넷째, 공부를 이루겠다고 하는 강한 의지가 있어야 한다. 관음염불선 공부를 하게 되면 뜻하지 않는 경계와 장애가 닥치기도 한다. 이럴 때 원력이나 강한 의지가 없으면 공부를 포기하거나 옆길로 빠지기 쉽다. 어떤 상황이 닥치더라도 한 발짝 내디딜 수 있는 굳은 의지와 내면의 힘이 필요하다.

다섯째, 공부가 조금씩 익어나가면 비법을 쓰는 것이다. 비법이란 옛 스승이 제자에게 전하는 방법이나 체험에서 우러나온 방법을 말함이지, 꼼수를 써서 얼렁뚱땅 마치려 해서는 안된다. 집집마다 가훈과 가풍이 있듯이 불교집안에서도 조사가풍과 비법이 전해져 내려오는 것이다.

염불공부를 몸과 마음에 사무치게 하는 수행비결이 나의 가풍이다.

한 호흡을 들이쉬고 관세음보살 명호를 뿜어내고 삼키는

일식탄법(一息吞法)은 번뇌 망상이 생기지 않고 삼매에 들어가는 지름길이다. 호흡을 하는 중간에 염불이 끊어지는 것을 막기 위해 무음염불(無音念佛)과 목탁소리를 병행하여 쓰면 소리공부가 일취월장하여 나아가는 것이다. 또 마음에는 '관세음보살' 명호를 관하는 심불관법(心佛觀法)은 눈으로 관음의 빛을 바라보는 것으로 환희심이 충만하여 행복과 평안한 마음을 유지하여 정진할 수 있는 것이다.

습관이라는 것은 참으로 무서운 것이다. 습관이 굳어서 업이 되고, 일단 업이 되면 본인의 생각대로 이루어지는 것이 아니라 업에 의해서 이끌려가는 것이다. 일단 수행하는 업을 만들어 놓으면 자기가 공부하고 싶지 않아도 저절로 공부를 지어가는 모습을 보게 될 것이다. 그렇기 때문에 일단 공부하는 습관을 들여 놓으면, 흐르는 물결에따라 저절로 마음바다에 들어가는 것이니, 참된 신심으로 뭉쳐진 대지 위에 발을 디디는 것이 중요하다 하겠다.

이른 봄 갓 피어나는 연두색 이파리는 관음의 색신이요,
시원스럽게 흘러내리는 계곡물은 석가의 발자취요,
아침·저녁으로 울어대는 갖가지 새소리는 무량광불의 무

진장 설법이로다.

빛과 소리

1판 1쇄 펴낸 날 2012년 7월 13일

저자 석암
발행인 김재경
기획·편집 김성우
디자인 김현민
마케팅 권태형
제작 보현피앤피

펴낸곳 도서출판 비움과소통 서울시 영등포구 영등포동7가 52-10 남양BD 2층 222호
전화 02-2632-8739
팩스 02-2068-0178
이메일 buddhapia5@daum.net
트위터 @kjk5555
페이스북 ID 김성우
홈페이지 http://blog.daum.net/kudoyukjjung
출판등록 2010년 6월 18일 제318-2010-000092호

ⓒ **석암, 2012**
ISBN 978-89-97188-15-4 03220

정가 12,800원

· 잘못된 책은 서점에서 바꾸어 드립니다.
· 이 책은 저작권법에 따라 보호받는 저작물이므로 무단전재와 복제를 금지하며,
이 책 내용의 일부를 이용할 때도 반드시 지은이와 본 출판사의 서면동의를 받아야합니다.
· 불교 또는 동양고전, 자기계발, 경제경영 관련 원고를 모집합니다.